Klaus Buschendorf

Kann ich mit dir ... ?

D1734040

Klaus Buschendorf

Kann ich mit dir ... ?

Liebes- und Lebensgeschichten

Goldene Rakete Verlag für Belletristik

Imprint
Any brand names and product names mentioned in this book are subject to trademark, brand or patent protection and are trademarks or registered trademarks of their respective holders. The use of brand names, product names, common names, trade names, product descriptions etc. even without a particular marking in this work is in no way to be construed to mean that such names may be regarded as unrestricted in respect of trademark and brand protection legislation and could thus be used by anyone.

Cover image: www.ingimage.com

Publisher:
Goldene Rakete Verlag für Belletristik
is a trademark of
International Book Market Service Ltd., member of OmniScriptum Publishing Group
17 Meldrum Street, Beau Bassin 71504, Mauritius

Printed at: see last page
ISBN: 978-620-2-44331-9

Klaus Buschendorf

Kann ich mit dir ...?

Liebes- und Lebensgeschichten

Inhaltsverzeichnis

1. Verfehlter Weg

Seidige Luft floss über seine Haut. Zittrig tasteten seine Hände durch das scharfkantige Gras. Warten müssen, mochte er nicht. Auf seine Armbanduhr wollte er nicht sehen. Es gehört zum ewigen Spiel zwischen Mann und Frau, dass er zu früh da ist, aus Furcht, er könne sie verfehlen. Sie kommt natürlich später, ihren Wert mit wachsender Verspätung erhöhend. Er wusste das, glaubte, es längst zu kennen. Aber nun war es da. Und es war wieder ein erstes Mal.

Sie sah seinen Umriss schon von Weitem. Schräg saß er an den Baumstamm gelehnt, wedelte langsam mit der Linken durch das Gras. Klein und zerbrechlich ragten die Schultern aus dem Grün, verzerrten die Silhouette des Stammes. Sein Gesicht konnte sie nicht sehen. Und wünschte doch, sie wüsste seine Augen zu deuten. Bewusst hatte sie den anderen, den unerwarteten Weg zu ihrem Treffpunkt gewählt.

Ein Kiesel rollte weg unter ihrem Fuß, schepperte durch die Wegrinne. Sein Kopf fuhr herum. Die aufleuchtende Freude seines Gesichts belohnte ihren Entschluss, ihn so zu überraschen. Der da könnte es sein.

Ganz kurz erstaunte er über ihre ins Gesicht geschriebene Frage. Dann vergaß er über seiner großen Freude. Sie war gekommen. Den Helden hatte er jetzt zu spielen, den 'coolen Typ'. Seine weichen Knie vergaß er lieber.

„Hallo Ines!" – „Hallo Jürgen!" – Er griff nach ihrer Hand, sie neigte die Wange an die seine. Flüchtig heiße Berührung, ihre Hand hielt er fest. – Sie kroch in die seine hinein.

„Wohin, Jürgen?" – „Wie abgesprochen, zum 'Jäger', am Bach entlang." – „Hältst du immer deine Pläne ein?" – „In der Regel schon", sprach er in ihre glitzernden Augen. „Wenn nichts Besseres dazwischen kommt." – Ganz nah waren seine Lippen. – „Nein, nein!" Ihr Gesicht tauchte weg. „Bleibe bei deinem Plan, Frechdachs." – Das Herz fiel ihm in die Hosen. Doch da war noch immer ihre Hand in der seinen. Ganz ruhig lag sie in seinem Griff. Wovor hast du Angst? Das gehört doch zum Spiel! Sehr erleichtert und froh schaute er wieder in diese glitzernden Augen.

Der Wind war nicht lau an diesem Märztag. Er streifte kühl ihre Haut und ließ sie kurz frösteln in auffrischender Bö. Ich muss jetzt etwas sagen, dachte er und spürte wieder diese aufsteigende, unerklärbare Angst. Was sollte er sagen? Er fand so banal, was er hätte sagen können. Oder kitschig. 'Small Talk' fiel ihm ein, müsse jetzt sein. Worüber? Neben diesem Mädchen?

Er musste sie nicht ansehen, trug ihr Bild im Kopf. Zu oft sah er sie durch die Schaufensterscheibe. Ihre blonden Locken fielen ihm zuerst auf, wenn sie den Kopf wandte, von der Kasse zum Kunden und zurück. Er ging hinein, die blonde Schönheit näher zu besehen. Ihr Lachen fiel ihm auf, mit dem sie jeden Kunden bedachte. Doch in der Kassenzone konnte er nicht stehen bleiben. Also schnappte er sich einen Einkaufswagen, kurvte schnell um die ersten Regale, warf sich ein, zwei Riegel in den Wagen und erfreute sich an ihrem schlanken Hals, dem weichen Flaum unter dem Haaransatz und immer wieder diesem Lächeln, das sie an jeden Kunden verschwendete. Sie sah ihn nur als Kunden. Oft musste er Riegel kaufen, ehe er sie einmal aufstehen sah. Als sie die Tür zu ihrer Kasse schloss, fiel ihm befriedigt auf, sie war fülliger als der allgemeine Trend den Mädchen das Idealbild vorschweben ließ. Er mochte das. Handfest proportioniert nannte er das bei sich. Wenn ein lachendes, ruhig noch ein wenig pausbäckiges Gesicht hinzu kam – dann konnte er sich schon vorstellen, sich in sie zu verlieben. Es dauerte drei solcher Verlegenheitskäufe, bis er in ihren Augen aus einem Kunden sich zu einem Mann mit glitzernden Augen wandelte.

Der muss doch schon ein kleines Riegellager haben, dachte sie, ehe sie ihn erst einmal richtig anschaute.

Da war er schon verliebt in ihren Blick, der so konzentriert auf dem Geld ruhte und urplötzlich hoch tauchte, zum Lachen wurde und beim vierten Einkauf in seinen Augen forschte. Nun wusste er, dass sie ihn wahrnahm. Zum Abschied zwinkerte er ihr zu wie beim Kinderspiel: Mein rechter Platz ist leer. Sie hob kurz die linke Hand und klappte sie zusammen. Die kleine Geste ließ ihn hoffen, dass sie zu einem Treffen käme.

Er hat noch in viele Riegel investieren müssen, und in Gesten, Blicke und Worte. Jetzt aber lief sie neben ihm. Wie schön!

Er schlenkerte mit seiner Hand ihren Arm, erst langsam, dann immer höher. Sie lachte ihn an, blickte schnell wieder weg. Er drehte sich vor sie, lief rückwärts vor ihr her, schaute ihr

5

forschend in die Augen. „Du stolperst, wenn du noch lange so läufst." – „Na und, ich habe deine Hand, mich fest zu halten." – „Dann falle ich auf dich." – „Das wäre nicht schlimm, du fällst dann weich." – „Ich wusste gar nicht, dass du ein raffiniertes Luder sein kannst." Ganz langsam zog sie die Worte aus ihrem Gefühl. Sie war am Zug. Zog schnell ihre Hand aus der seinen und sprang in die Wiese, rannte um den nächsten Busch und wollte die Überraschung seines Gesichtes sehen.

Sie sah es nicht. Er war schon hinter ihr.

Sie spürte seine greifende Hand, startete neu, schneller lief sie jetzt durch raschelndes Gras.

Er blieb dicht hinter ihr. Leicht hätte er sie fangen können. Sie war nicht so schnell, wie sie hätte sein müssen, um ihm zu entwischen. Es war schön, ihr nachzulaufen, greifbar, vor sich noch all das andere, schöne, was noch kommen würde. Sein Glücksgefühl ließ ihren kleinen Abstand bleiben.

Sie fühlte dieses Band hinter sich, fühlte es zufrieden. Der da ließ sich Zeit, wie schön. Doch zu viel Zeit musste nicht sein. Sie lief langsamer, immer langsamer. Sie wartete auf seinen Griff. – Doch er lief neben ihr, sah in ihr erstauntes Gesicht, das seinige war plötzlich vor ihr – und nun fielen sie doch übereinander in die Wiese. Sie spürte seinen schnellen Griff an ihre Brust, wie er die Hand wieder wegzog, als sei es ein Versehen, wie er sie fest um die Schultern fasste, um die Taille griff – Gott, war er noch scheu. Mit beiden Händen griff sie seinen Kopf, zog ihn bestimmend an ihre Wange.

Tief atmeten sie beide, der Lauf pulste in ihnen nach. Sie atmeten die Haut des anderen, immer mehr, immer schöner. Jetzt war an ihr, zu handeln. Entschlossen suchte sie seinen Mund. Glücklich und gierig kam er ihr entgegen.

Mit kurzem Ruck zog sie ihren Kopf beiseite, machte sich los und sprang auf. – Er hatte es geahnt, Sekunden vor der Ausführung, unterdrückte den Wunsch, sie fest zu halten. Nun wusste er genau: Das war nicht ihr letzter Kuss gewesen, aber der erste – und er war schön.

Sie klopfte vermeintliches Gras aus dem Kleid, drehte sich prüfend und dachte dabei: Der forderte nicht, das war schon ganz gut. Sich bedrängt fühlen, das wollte sie nicht. Es schien ihr, die erste Probe habe er bestanden.

Aber das stimmte so doch gar nicht. Prüfte sie ihn nicht schon an ihrer Kasse, als er ihr als Riegelkäufer auffiel? Das Glitzern seiner Augen hob ihn aus den vielen Kunden heraus, ließ sie aufmerken und genauer hinsehen. Schlaksig, mittelgroß, Durchschnittstyp, glaubte er sich unbeobachtet, gestrafft, den Kopf geneigt in besonderer Aufmerksamkeit, wenn er bei ihr an der Kasse stand – den Unterschied bemerkte sie als zweites und wartete, ob er den Mut aufbrachte, sie zu fragen. Was er fragen würde, stand ihm schon beim zweiten Male ihm Gesicht geschrieben. So ein Gesicht konnte und wollte sich nicht verstellen. Lustig sah es aus mit seinen hoch gezogenen Mundwinkeln und den kleinen Lachfältchen an den Augen. Lustig ist er sicher selber. Sie zählte seine Riegelkäufe, maß daran seine Ausdauer, freute sich seines lustigen, offenen Gesichts, aber auch seiner Beklemmung beim Suchen nach Worten, wenn er ins Gespräch mit ihr kommen wollte. Der war nicht auf Eroberung aus, der konnte gar nicht erobern. So einer meint es gleich ernst. Sie ließ ihn ein wenig zappeln, gab sich erst als Kühle, schien seinen Blick nicht zu merken, täuschte Hektik vor, damit er nicht fragen konnte. Bis er einmal seine Riegel präsentierte und kein anderer Kunde in der Nähe stand. Da lehnte sie sich zurück in ihren Kassenstuhl, sah voll in seine hellen, grauen Augen und nahm seine Riegel nicht in die Hand. Ein widerborstiger Wirbel fiel ihr auf in seinen aschblonden Haaren vorn an der linken Stirnseite.

„Schon etwas vor am Wochenende?" – Spannung hinter seinen Worten.

Sie tat ihr so gut. Das stimmte sie milde und ließ sie das Spiel verkürzen. Langsam schüttelte sie den Kopf. Er war so dankbar für die kleine Erleichterung, so froh über ihre Zusage. Und jetzt hat sie diesen Jungen geküsst.

Dann liefen sie weiter, rannten ein Stück und fingen sich wieder. Mit Küssen, die immer länger wurden, belohnten sie einander. Scheu fiel ab, 'Small Talk' ganz selbstverständlich, floss über beider Lippen, wurde auch schon einmal anzüglich. Und nach dem vierten oder fünften Fang- und Kusserlebnis glitt seine Hand entschlossen von der Taille in die Höhe. Sie legte ihre Hand über die seine, spürte sein ruhiger werdendes Beben, genoss seine Wärme, empfand Vertrauen und seinen Willen. Dieser Wille, den sie da in dieser Hand auf ihrer Brust zu spüren meinte, wird ihr nicht weh tun wollen. Es könnte mehr daraus werden. Sie hoffte es sehr.

Als sie die Tische sahen im Freien, die Theke und das Schild über dem Eingang, wussten sie: Der 'Jäger' war das nicht.

„Wo sind wir lang gelaufen?", lachte sie in seine irritierten Augen. – „Ich weiß nicht." – „Na, du bist mir ein Verführer. Oder war das dein Plan, du Luder? Aufpassen muss ich bei dir! Das weiß ich nun." – „Wie soll ich aufpassen auf den Weg, wenn mich ein scharfes Weib ablenkt?" – „Ach ja, nun bin ich auch noch schuld. Das kann ja heiter werden."

So stritten sie – doch ihre Augen stritten gar nicht. – „Eine Cola", rief sie dem Kellner schon zu, noch ehe sie den Tisch erreichten. – „Ein Bier", fügte er sich ins Klischee. War ja auch nicht wichtig. Wichtig waren die beiden Beine ganz nahe beieinander unter dem Tisch, die sich so heiß anfühlten, fast wie ihre Wangen zur Begrüßung – und doch schon ganz anders. Wir kennen uns schon, schien die Haut ihrer Beine einander zu sagen. Dann schauten sie sich in die Augen, immer wieder anders, die winzigen Reaktionen des Gegenübers erkennen und deuten wollend, sprachen nichts, lachten plötzlich wie auf Kommando und nebenbei tranken sie kleine Schlucke Cola oder Bier und aßen ihre Bratwurst. Dann aber fand er, dass es auch noch anderes Wichtiges gäbe.

„Du lernst also Verkäuferin." – „Schlaues Kerlchen. Lungerst vierzehn Tage an meiner Kasse herum und folgerst messerscharf." – „Gefällt es dir, oder – war gerade nichts anderes frei?"

Ganz schnell fegten ihre Gedanken durch das Hirn. Wenn er jetzt schon so fragt, will er mich nicht nur in die Wiese legen. Verdiente er Ehrlichkeit? Sie konnte es nicht wissen. Was wusste sie schon von ihm? Student war er, kam anfangs immer im Kreise anderer, dann immer öfter auch allein, bis es ihr auffallen musste. Na und, Studenten gab es viele um ihren Markt, Hochschule, Fachschule, Studienrichtung – gar nichts wusste sie. Nur seinen Blick kannte sie, so oft an ihrer Kasse, und wie er sich veränderte, bis er den Mut fand, um das Rendesvouz zu fragen. Mindestens dreimal hat er wohl Anlauf genommen. Doch ihr Körper sandte jetzt Signale, die Brust, die er berührte, seine weichen Lippen, die nichts forderten, dankbar waren, sein Atem, den sie gerochen, seine Haut, die sie jetzt noch spürte unter dem Tisch – alle Stellen, die er schon berührt, schienen sich einig zu sein und sprachen: Ja, der könnte es sein.

Sie wunderte sich nicht, als sie sich sprechen hörte. Sie öffnete sich und sprach davon, wie sie schon als Schülerin in den Ferien im nahen Supermarkt ausgeholfen hat, die Vorstellung gewachsen war, Wünsche anderer Menschen erkennen zu können. Ja, es war ihr Wunschberuf, und sie bereute es nicht. Und sie sprach über Chefin, Kolleginnen, Scanner und Regalpflege, doch plötzlich hielt sie inne. „Du bist ja ein ganz Gewiefter. Ich breite meine Seele vor dir aus, und du lachst vielleicht darüber." – „Oh nein, ganz gewiss nicht. Es gefällt mir gut, wie du sprichst." – „Es reicht auch, jetzt bist du am Zug." Da kroch sie hoch in ihr, die sorgende Ungewissheit, vielleicht zu viel preisgegeben zu haben. Immerhin ist er mindestens Abiturient, sie hat die zehnte Klasse gerade so geschafft. Das wird doch nichts.

Mitten in dieses bange Ziehen in ihrem Kopf fiel seine Stimme. Er sprach ganz ernsthaft. Diese Stimme nahm sie wichtiger als die Freundin, selbst die Eltern. Sie erkannte beglückt: Sie brauchte sich ihrer Offenheit nicht zu schämen, er gab sie zurück. Die Ziele, von denen er sprach, verstand sie nicht so ganz. Doch wie ernst sie ihm waren, gestand er wohl nur ihr. Sie spürte sich in dieser Sportlerklause ein wenig von Lebensplanung angeweht. Dieser wenig ältere Junge, kaum größer als sie, manchmal etwas täppisch, der nahm sie ernster als alle Menschen, die sie kannte. Und süß war er obendrein. So verschleierte sich ihr Blick.

Er spürte es, wurde regelrecht verlegen und brach ab. „Ich langweile dich wohl?" – „Nein, nein, ganz im Gegenteil." Er war noch nie von einer Frau bewundert worden. – Und wie er jetzt so da saß in seiner Unsicherheit, griff sie sich seinen Kopf, küsste ihn herzhaft und schaute ihn strahlend an. – Er strahlte zurück und sagte: „Gehen wir!" – Ganz nah beieinander, so recht umschlungen, liefen sie los.

Auf dem Heimweg sprachen sie nicht viel. Sie begegneten kaum Menschen. Das war ihnen recht. Sie übten immer wieder, was sie schon auf dem Irrweg zum 'Jäger' getan, der sie zur Sportlerklause führte. Sie lauschten auf die Reaktion des Anderen, wenn sie streichelten, sich streicheln ließen. In den Pausen konnten sie auch schon sachlich darüber reden, dass sie doch an dieser Wegegabel rechts gehen müssten, links sei es viel weiter. Er verlor bald alle Scheu, und sie fand es schön, wenn er sie überall berührte. Über die Grenze, die sie sich beide setzten, brauchten sie nicht sprechen. Sie spürten, wussten, fühlten – wir haben Zeit. Viel schöner ist es, nichts zu überstürzen.

Der Abschied war etwas Wehmut, viel mehr Freude. – „Bis morgen, Ines." – „Bis morgen, Jürgen." – Ein letztes gemeinsames: „Tschüss!"

9

2. Die Campingfahrt

Sie stand vor dem Spiegel und zog sich das linke Augenlid nach. Ein prüfender letzter Blick, mit der Zunge vorsichtig über die Lippen gefahren, fertig. Es kribbelte noch immer, anders als beim ersten Mal. Sie spürte schon etwas Sicherheit. Doch Wichtiges fehlte noch, sie zu einem richtigen Paar zu machen. Er wolle sie heute überraschen, sagte er letztens. Ab heute waren sie beide Urlauber. Dafür habe er geplant. Die geheimnisvolle Miene bei seiner Ankündigung mochte damit zusammenhängen.

Die Welt ist schön mit solchen Kumpeln. Und sie würde Augen machen, wenn er bei ihr vorfährt. Gleich wird es geschehen.

Wieder zog es ihm vom Magen hoch. Sein Herzklopfen fühlte er heute wie beim ersten Mal. War nicht zu gewagt, was er sich ausgedacht hatte? Zu spät, er musste durch. Die Freundschaft zu Eric musste er einfach nutzen. Eric betrieb als Teilhaber eine Firma, die Campingfahrzeuge verlieh. Vor langer Zeit, vor Ewigkeiten, denn da gab es sie noch nicht, sprach Eric: Wenn du einmal einen Wohnanhänger brauchst, kannst ihn bei mir billig haben. Für dich nur Sonderpreis! Das fiel ihm ein, als er ihren ersten gemeinsamen Urlaub plante. Natürlich suchte Eric den Campinganhänger aus. – „Ich muss dir wenigstens einen Euro abnehmen, sonst bekomme ich Ärger", entschuldigte er sich. – Jörg verstand. Und sah dann den Geländewagen. – „Den vermieten wir nicht." – Er dachte an seine Zeit beim Bund, als Fahrer beim Hauptmann. Er könnte ihr imponieren, manchen Feldweg benutzen, stille Ecken erschließen ... – Eric verstand. „Muss das eine Liebe sein", pfiff er durch die Zähne. „Aber der gehört nicht zu den Ausleihfahrzeugen ..." Eric dachte nach. Niemand würde ihn vermissen. „Gut. Damit ich nicht schuld bin, wenn ihr nach der Reise verkracht seid", lachte er. „Viel Glück!"

Renate stand mit glänzenden Augen vor dem Jeep, probierte die spartanischen Polster, griff sich die Tür des Wohnwagens und bewunderte die kleine Küche. – „Zum Essen ist das Vorzelt gedacht, ein extra Wohnzimmer", sprach er dazu. – Sie blickte auf das breite Bett im Campinganhänger. Eine richtige Spielwiese, dachte sie. Dann suchte sie seinen Blick und sagte mit glitzernden Punkten in den Augen: „Du Schuft!"

Sie hatten noch kein Bett miteinander geteilt.

Die ersten Kilometer saß Jörg am Steuer, tuckerte mit den erlaubten hundert Kilometern pro Stunde über die Autobahn zum nächsten Badesee. Sie genossen die vom letzten Regen frisch gewaschenen Wiesen, Bäume und Büsche. Wenn Engel reisen, freut sich der Himmel, dachte sie und erinnerte sich ihres gemeinsamen Einräumens. – Mein Hauptmann würde das so machen, sprach Jörg bei jedem fünften Handgriff, nahm ihr Teller und Besteck ab und verstaute ihre Habseligkeiten. – Sein Hauptmann musste ihm viel bedeuten, brachte ihm wohl auch viel bei. Sie staunte, wie viel Platz noch übrig blieb, gleich fiel ihr bei solcher Leere noch ein, was sie unbedingt noch bräuchte, auch das brachte er ohne Murren unter. Zu guter Letzt klebte er Schildchen: 'Toilettenartikel', 'Frühstück', 'Geschirr', 'Wäsche Vati', 'Wäsche Mutti' ... einfach lustig, sie hatten doch noch gar keine Kinder, noch nicht einmal etwas dazu getan. Er wollte wohl sehr gerne dafür üben – sind doch alle gleich, die Männer, dachte sie und spürte ein unbestimmtes Sehnen im Schoß wie bei ihren Worten: 'Du Schuft!'

Er bemerkte ihren schnellen Seitenblick und fragte: „Fühlst du dich wohl?" – Renate strahlte ihn an. – Wenn er im Haushalt auch so einschlug, wäre er als Ehemann ein Schnäppchen. Militär macht Burschen zu Männern, hat Vater früher gesagt. Sollte er so ein Edelstein sein? Er sah nach nichts Besonderem, mittelgroß, blond, ausgeprägte Lachfalten im Gesicht. Sind Edelsteine nicht unauffällig verpackt?

„Das Abendbrot richte ich alleine", schob sie ihn weg. – Er gehorchte, das war ja auch Frauensache. Er streckte die Beine unter den Klapptisch im Vorzelt und sah, wie sie am Herd hantierte. Gern hätte er sie berührt, gestreichelt, einen Kuss als Dank zu ernten und zu erwidern – es war so schön, bewundert zu werden. Ausgiebig hat sie das getan bei der Auswahl ihres einsamen Plätzchens, dem Ausrichten des Hängers, beim Anbau des Vorzeltes – all das war ihr neu, und er badete in ihrer Blicken. Nun freute er sich ihrer Bewegungen vor brutzelnden Pfannen. Habe ich mir da nicht etwas Schönes eingefangen? Grazile Bewegungen, in den Hüften etwas breiter, schwarzes krauses Haar, hübsch wie alle Mädchen Anfang zwanzig, so viel versprechend schlägt sie die Augen auf! Er freute sich im Voraus ihrer Bewegungen, die er sicher noch anders spüren werde – erstmalig, ganz sicher nicht einmalig.

Auf dem Spiegelei bildete sich das Häutchen. Sie drehte das Gas ab. Mit den beiden Tellern trat sie vor den Klapptisch. „Wartest du auf Abendbrot?" – „Das auch." – Sie küsste ihn kurz. „Warte weiter! Iss jetzt!" – Sie fand schön, dass er nicht drängte. Immer ging er ein kleines

11

Stückchen weiter. Fast fand sie ihn zu brav. Und dann überraschte er sie mit dieser fahrenden Spielwiese.

An der grasbewachsenen Uferkante des Sees saßen sie später nebeneinander. Von Zeit zu Zeit schickte die nahe Eisenbahnstrecke das Rauschen eines Zuges herüber. Eine Schranke bewahrte ihre Einsamkeit. Prüfend hatten sie davor gestanden, es gelang, sie zu heben. Nun lag sie wieder in ihrer Gabel und schützte ihre Idylle.

Leichter Abendwind raunte in den Büschen. Sie hielt ihren Kopf ganz still, während er mit der Zunge an ihrem Ohrläppchen spielte. Schauer überliefen ihre Haut, als seine Fingerspitzen ihren Bauchnabel erkundeten. Sie bremste ihn mit einem Kuss, den er erwidernd spielend eintauchte in ihre Lippen, lau und zart, während die Fingerspitzen weiter ihren Weg verfolgten, das Zentrum ihrer Begierde nun umkreisend, auf den Innenseiten ihrer Oberschenkel kleine Brände setzten. Sie wand und drehte sich, lag nun bäuchlings im Gras. Seine Lippen fuhren ihren Nervenstrang entlang, begleitet von seinen Händen, bis ihr Bikinihöschen Stopp gebot. Unter Schauern hob sie sich, es abzustreifen, als ein so ganz anderes Kribbeln sie abhielt, dies zu tun.

„Iiiiieh, eine Ameise ...", schreckte sie hoch. „Lass' uns in den Wohnwagen gehen." Sie zerdrückte das Insekt, lachte ihn an, steckte den Kopf in seine Armbeuge und ließ sich die wenigen Schritte ziehen. – Drinnen setzten sie ihr Werk fort. Sie lag mit geschlossenen Augen vor ihm, fühlte sein Begehren, seine Bewunderung mit jeder Körperfaser. Im gedämpften Abendlicht umschmeichelten seine Blicke ihre Haut, ihre Arme, ihre Schenkel. – „Dreh' dich, Liebes!" – Ganz langsam folgte sie seinen Worten, nahm die Hände weg von ihren Brüsten, spreizte sich und lugte verstohlen auf das, was sich ihr darbot. – „Berühre mich, streichle mich!" – Er tat, wie er sollte, bezähmte sich, bis es nicht mehr zu zähmen war.

Danach schauten sie sich an. Sie konnten sich nicht sattsehen an den Augen des Anderen. Erst lange Zeit später küssten sie sich wieder und streichelten sich, bewunderten ihre Körper, jeden Muskel, jedes Grübchen, bis die Dunkelheit mehr und mehr Grau erzeugte, sie wieder zum Tastsinn fanden und keine Augen mehr brauchten, um abzustürzen in jenen Graben, der auch Höhenflug sein konnte – was sind Worte für dieses Gefühl?

Sie schliefen wenig in dieser ihrer ersten Nacht. Als die Sonne über den See schauen wollte, stürzten sie in sein Wasser und schwammen direkt hinein in den gelben Ball, der auf den

Wellen breit zerrann, sich schließlich löste und empor stieg. Da waren sie schon ans Ufer gekrabbelt und sich gegenseitig trocken gerieben. Kuschelnd unter Decken holten sie sich wieder Wärme und schliefen ermattet, zufrieden und glücklich bis weit in den hellen Mittag.

Nach dem Mittagessen breitete er die Karte auf dem Klapptisch aus. – „Müssen wir den weiter?" Maulend verzog sie ihren Mund zu einer süßen Schnute. „Hier ist es doch so schön!" – Er küsste ihre Schnute breit. Sie spürte wieder dieses süße Ziehen, machte sich los. „Nein, nicht schon wieder!"

Als erfahrener Camper wusste er, sie riskierten Ärger, länger als einen Tag wild an einer Stelle zu bleiben. Dazu noch der Schlagbaum, den sie einfach missachteten, nein, solcher Ärger sollte ihre Fahrt nicht trüben. Sie suchten und fanden Strecke und neuen Ort für den Abend. Er blickte auf die vielen Abbiegungen und sagte: „Kurze, aber schwicrige Fahrt zur Orientierung. Kannst du das, mich einweisen als Beifahrerin?" – „Warum ich? Lass' mich doch fahren. Du bist vom Bund her geübt mit Karten. Und fahren kann ich auch." – Warum eigentlich nicht?. Er selbst der Hauptmann, sie, der Fahrer. „Okay! Und nun, Abbau des Vorzeltes!"

Rasch hakte er die Stangen nacheinander aus den Halterungen, hieß sie, die Leinwand zu halten. Flink sortierte er die Einzelteile, wies ihr Handgriffe zu. – In seinem sicheren Handeln fühlte sie sich so recht geborgen, ein wenig Neid störte nicht sehr. – Als er den geschnürten Sack in den Wagen trug, verließ sie den selbst gewählten Kessel ihrer Bewunderung, griff sich den Drehling. – Als er herauskam, stand der Wohnwagen frei auf seinen Rädern, die Haltestützen eingeklappt, die Unterlegebrettchen verstaut.

„Flinkes Mädchen!" Anerkennend, fast jovial strich er über ihre Schultern. – Sie streifte ihn ab. „Bin nicht dein Lehrling. Warte nur, das lerne ich alles auch." – „Daran zweifle ich nicht. Na denn, Fahrer, starten!" Er schlug ihr leicht auf den Po. – „Hat das dein Hauptmann auch so gemacht?" – Er lachte. – „Ich wünsche mir eine exakte Einhaltung der Umgangsformen, wenn wir im Dienstverhältnis stehen, Herr Hauptmann. Klar?" – „Gut. Jetzt streng dienstlich, Fahrer!" – Sie salutierte linkisch, er dankte exakt. – „Yes, Sir!" Sah auf seine Grußerweisung. „Klar, dass du das besser kannst!"

Über ihnen spannte sich ein fast reiner klarer Himmel.

13

Überraschend gut kam sie mit dem Jeep zurecht, das hatte kaum ein Mädchen drauf wie sie. Wie sie konzentriert hinter dem Lenkrad saß, gäbe sie fast einen Berufskraftfahrer ab. Eine Powerfrau habe ich mir geangelt, eine süße Powerfrau für mich. Jörg hätte an die Decke springen mögen.

„Wohin jetzt, gerade oder links?" – Rau riss ihn ihre Frage aus seinen Träumen. Verdammt, er fand die Kreuzung nicht auf der Karte, zu lange bewundert, die Pflicht vergessen.

„Wohin denn nun?" – Da war sie. „Gerade!" Aufatmen.

„Darf aber nicht passieren, dass du so träumst. Was hätte ich machen sollen?" – „Im Zweifelsfall geradeaus." – „Und ich bade den Fehler aus?" – „Wieso du? Dann wird hinter der Kreuzung gehalten, neu orientiert und losgefahren." – „Das siehst du aber einfach." – „Natürlich. Kann immer vorkommen und ist kein Beinbruch." – Die Rückwand eines Lastkraftwagens kam auf sie zu, Blick in den Rückspiegel, nicht frei, Gas weg, Gang runter, Außenspiegel, jetzt frei, Blinker an, Gas geben und heraus ziehen. Brummend passierten sie Hähnchen auf dem Weg zum Supermarkt. Sie ordnete sich wieder vor den Lastzug ein.

Ruhig beobachtete er ihr handeln, nichts entging ihr auf der Straße. – „Von dir habe ich vorhin geträumt, von einer Powerfrau am Lenkrad." – Sie lächelte. Er warf ihr einen Kuss hinüber. – „Darf ich auf der Einhaltung der Umgangsformen bestehen, Herr Hauptmann?" – „Sie dürfen, Fahrer, bis zum Aufbau des Feldlagers. Und jetzt bitte frühzeitig links einordnen!" – Verhalten warfen sie sich kurze Blicke zu.

Erste Wolken verzogen sich von einem fast reinen blauen Himmel.

„Willst du Strom?", rief er von der Tür des Empfangs zu ihr ans Auto. – „Was kostet das?" – „Zwei Mark am Tag." – „Zu teuer."

Diesmal wollten sie länger bleiben und hatten sich für einen richtigen Campingplatz entschieden. Er lief zum Stellplatz, sie fuhr vor. Jörg sah sie einen weiten Bogen ziehen, auf Anhieb standen Jeep und Wohnwagen richtig. Als er sie erreichte, lagen die Unterlegbrettchen bereit, die Bremsklötze vor den Rädern. Den Drehling in der Hand trat sie vor ihn hin und sprach: „Na, kommt der Herr Hauptmann, wenn die Arbeit fertig ist?" – Sie platzte fast vor Stolz. „Lernst sehr schnell." – „Ist das alles?" – „Küsse später, wie vereinbart." – „Ach, du Pedant", fiel sie ihm um den Hals und knutschte ihn vor allen Leuten.

Beim Anbau des Vorzeltes wusste sie es einzurichten, dass ihm die Hilfsarbeiten zufielen. Er freute sich ihres Elans und streckte ihrer Weisung gemäß die Füße unter den Klapptisch, als sie dann sagte: „Abendbrot ist Frauensache. Nun verwöhne ich den Herrn des Hauses. Du musst warten."

Ein Erfolgserlebnis hatte er ihr verschafft. Jeep gefahren, Gespann gezogen, Vorzelt aufgebaut – und, vor allem: So ein Sonnenaufgang! So dankbar war Renate ihm, so recht zugetan, ohne ihn wäre alles nichts. Sie wird ihm zeigen, dass er nichts an ihr verschwendet. Sie will alles können, was er schon konnte, ihm ebenbürtig sein, ihm, dem Studenten der Kunstgeschichte, dem Kompaniecheffahrer beim Bund, sie, die kleine Verkäuferin, wird ihm zeigen, dass nur der Zufall einer früheren Geburt ihn mehr können ließ als sie selbst. Aber das brauchte er nicht zu wissen. Er war so lieb, so einfühlsam. Nein, heute sollte er nicht lange warten müssen. Sie freute sich schon darauf, dass das Abendbrot bald gegessen war.

Mitten in der Nacht drehte sie sich brüsk weg von ihm. „Nein, das will ich nicht!" – „Warum? Davon träumen alle Männer." – „Ich bin kein Mann!" – Er streichelte ihren Rücken. Lange. „Wo du recht hast, hast du recht. Es muss nicht sein." – Sie kuschelte sich wieder an ihn. – Im fahlen Mondlicht blickte er in große Augen. Er wusste sie richtig zu deuten.

Und mit Baden, Faulenzen, Lieben, Baden, Lieben, Faulenzen, dazwischen ein wenig Essen, verging der nächste Tag.

Kein Wölkchen trübte den strahlend blauen Himmel.

Am nächsten Morgen wurde er wach und sah sie auf dem Rücken liegen. Ihre Augen, weit geöffnet, schauten konzentriert nach oben. Sie lauschte. „Was hörst du?" – „Die Vögel", sprach sie. „Hörst du ihr Zwitschern?" – Natürlich, das war nicht zu überhören. – „Weißt du, dieses Zwitschern erinnert mich an mein Dorf in Mecklenburg. In unserem Garten zwitscherten sie auch so schön. Ich musste doch früh 'raus, die Ziege füttern, oder die Eier suchen. Und da zwitscherten sie immer, war ja auch ihre Zeit."

Er war ein Stadtkind. Vogelzwitschern, na ja, das gab es, klang nicht schlecht, aber dass sie so hingegeben lauschen konnte! Er sagte es ihr. – Sie drehte sich zu ihm und erzählte von Opa, dem der Gutsbesitzer bei Opas Verrentung die Kate geschenkt hatte, in der er wohnte. Natürlich war das praktisch gedacht, gekauft hätte sie keiner, unterhalten wird sie jetzt Opa, und der Gutsbesitzer tat ein gutes Werk. Opa sah das natürlich ganz anders. Das Haus, er sprach nie von der Kate, war der Lohn seines Arbeitslebens. Er arbeitete weiter, es zu erhalten, den Garten zu verschönern, die Ziegen zu versorgen, alles war sein eigen, alle waren zufrieden und der Gutsbesitzer fand in dem Alten weiter eine Arbeitskraft. Doch für die kleine Enkelin war es der schönste Garten der Welt mit seinen Hühnern, Ziegen, Hasen und den Vögeln, die so schön zwitscherten.

„Weißt du", sprach er, „höre weiter deinen Vögeln zu. Ich mach Kaffee." – „Du Guter!" Sie spitzte ihren Mund zu einem angedeuteten Kuss.

Er fand den Kaffee nicht. Das Wasser kochte sich schon tot. Tassen, Teller, Messer, alles stand schon auf dem Klapptisch. Jörg wusste genau, wo er gestanden hat, aber er schien sich in Luft aufgelöst zu haben. – „Ich finde den Kaffee nicht." – „Den Kaffee? Der ist in meinem Wäschefach." – Völlig logisch. Dort findet ihn jeder, der Kaffee sucht. – „Nun mache nicht so ein Theater! Der kleine Rest, mit dem wir anfingen, war alle. Die neue Packung passte dort schlecht 'rein. Und ich weiß ja, wo ich ihn finde." – Gut. Kaffee ist, jetzt fehlt die Kaffeesahne. – „Steht draußen hinter dem rechten Rad." – Auch logisch. Milch ist halt am rechten Rad vom Wohnanhänger, wo sonst? – „Soll sie im warmen Hänger sauer werden?" – Beim Frühstück streute er vorsichtig in ihr Gespräch, dass er seinen Hauptmann auch bewunderte, weil der seinen Bleistift auch im Dunkeln fand. Konsequente Ordnung, auf die der Hauptmann Wert legte, habe durchaus zum Wohlbefinden der Besatzung beigetragen. Suchen reduzierte sich, im Gefecht stehe man schließlich immer unter Zeitdruck. – Das sei aber hier kein Heerlager. Wir wollen uns erholen und nicht Krieg spielen, gab sie erregt zurück. Außerdem sei ja die Küche ihr Reich, da verbiete sie sich solche Einmischung. – Aber wenn er ihr helfen wolle, müsse sie sich schon an die vereinbarte Ordnung halten, sonst seien Konflikte vorprogrammiert. – Papperlapapp, dann mach die Augen auf, findest du auch alles. Im Übrigen sei ihr das jetzt zu blöd, sie gehe schwimmen. Er könne ja abwaschen. Wäre nicht schlecht, wenn er das machen würde, sie bediene ihn ja schon von vorn bis hinten. Sprach's, schnappte sich den Bademantel und ließ ihn sitzen.

Das war arg. Da saß der Unteroffizier der Reserve und wusste nicht mehr weiter. Denn er liebte diese renitente Soldatin, wo hat man da eigentlich disziplinare Befugnisse? Die Runde ging an sie. Er widmete sich dem Abwasch. Aber wo war nun wieder das Spülmittel?

Spülmittel musste er sich vom Camper am Nachbarspültisch borgen. – Sie zeigte ihm das Spülmittel an der Stelle, wo er es hin geräumt hatte, eingewickelt in eine Plastetüte, weil sie dem Stöpsel nicht traut. – „Punkt für mich", lachte sie. – „Nein, Tarnung, sogar infame Täuschung." – „Pedant!" Sie tatschte nach ihm. – „Liederliche!" Er tatschte zurück. – Draußen tröpfelte Regen aufs Dach. Sie funkelten sich an. – „Ich bin ein Löwe. Ich beiße dich!" – „Und ich die Tigerin. Ich kratze dich!" – Es regnete stärker. Sie umschlichen sich auf ihrer Spielwiese. Und während Wind und Regen auf Blech und Leinwand trommelten, wuchs ihr Fauchen zur schönsten Balgerei.

Der Regen tönte den Himmel grau, kühlte den ganzen Tag. Der Nachmittag sah sie auf einem Bummel in der nahen Stadt. An einem Obelisken auf dem weiten Platz vor dem Dom hieß er sie stehen bleiben: „Lies mal!" – Sie las: „Die ergebenen Bürger ihrem allergnädigsten Landesherrn in Dankbarkeit. Na und?" – „Die ergebenen Bürger hatten gerade gegen ihren allergnädigsten Landesherren einen Aufstand verloren. Der Bau des Obelisken war ihre Strafe. Politik, Medienarbeit im Mittelalter." – „Woher weißt du das?" – Solche kleinen Ereignisse am Rande haben ihn schon immer interessiert. Während sie über schmale Brücken der vielen Fließe in der Stadt schlenderten, er ihr den Unterschied von Romanik, Gotik, Neugotik erklärte, hörte sie nicht immer zu. Jörg merkte es, erzählte er von seiner Kindheit. Seine Mutter mochte die Freunde nicht, zu denen es ihn zog. Zu denen er gehen sollte, wollte er nicht. So las er oft allein zu Hause, Grimms Märchen, Heldensagen. Weil er wissen wollte, was an den Heldensagen stimmte, folgten Geschichtsbücher, historische Romane. Das Interesse blieb. Auch vor dieser Fahrt kaufte er sich eine kleine Broschüre, in der er diese Anektode mit dem Obelisken fand. – „Und damit belästigst du junge Mädchen beim Stadtbummel." – „Du bist gemein. Ich dachte, dass du zugehört hast." – Weil du es warst, dachte sie heimlich, sonst hätte es mich schon gelangweilt. „Was nützt dir dieses Wissen?" – „Es weitet den Blick und das Verständnis für die Menschen." Sie möge sich doch vorstellen, wie dem Steinmetz beim Bau der Stele zumute gewesen sei, der vorher beim Aufstand mit gekämpft habe.

Das war Renate zu weit hergeholt. Taugt er für das praktische Leben, wenn er so spinnt? Sie wird ihn prüfen. „Jetzt habe ich Hunger, mein Pseudo-Fremdenführer. Stand in deiner

Broschüre auch, wo man gut zu Abend ißt?" – „Natürlich." – „Es darf nicht zu teuer sein!"
Sie griff fest seine Hand, steckte die ihre hinein, schlenkerte los – so gewann sie ihn wieder,
und er vergaß aufkommende Zweifel.

„Ich fahre!", sagte sie entschieden. „Du fährst die Kurven zu rasant, da kriege ich Angst!" –
Oh, das schockt! Dabei hat sie ihn beim Abendessen so verliebt angesehen! Aber warum ihr
diesen Wunsch abschlagen?

Bei der Fahrt legte sie wortlos ihre Rechte auf seine Linke. Ihre Blicke trafen sich kurz. Sie
waren wieder eines. Ein schöner Tag ging zu Ende.

Traumnebel in seinem Kopf wallten in ferner Vorzeit. Aus grauen Schleiern formten sich
Gestalten. Er begann, sie zu deuten. In dieser vergangenen Zeit war er der Thraker, sie die
Amazone. Sie kämpften um den Tod, denn ihre Stämme waren verfeindet. Lange kämpften
sie, waren sich ebenbürtig. Verloren ihre Waffen, schlugen sie sich aus der Hand. Ihre Kleider
gingen in Fetzen, und ihre Leiber berührten sich. Bald kämpften sie nicht mehr um den Tod,
sie kämpften um das Leben. Und das Leben gewann.

Als die Amazone sich erhob, lag der Thraker noch mit geschlossenen Augen. Sie sah ihren
Speer und den seinen, und sah auf den schlafenden Mann. Leicht könnte sie jetzt tun, was sie
anfangs gewollt hat. Sie wusste nicht, warum sie den Stammesauftrag vergaß. Wecken könnte
sie ihn wecken, seinen Speer reichen und mit ihm gehen. Er war stark, sie war stark, jeder auf
seine Art, gemeinsam könnten sie gut für das Leben sorgen. Sie konnte auch zurück gehen zu
ihrem Stamm und das Leben mitnehmen, das sie empfangen. Sie hätte nur genommen, nichts
gegeben.

Was wird sie tun?

Ganz schwer kam er heraus aus diesen dunklen Traumnebel. Das musste er doch einmal
gelesen haben? Er drehte sich, sah im fahlen Mondlicht ihr Gesicht. Endlich begriff er. Da lag
sie, schmatzte leicht im Schlaf mit den Lippen und zeigte ein ruhiges, zufriedenes Gesicht. Da
liegt dein Glück, dachte er und fand die Worte gar nicht kitschig. Vergiss schnell diesen
blöden Traum! Leicht strichen seine Finger über ihre Wangen. Sie schien noch gelöster zu

atmen. Aber wecken wollte er sie nicht. In ihr Gesicht vertieft, schlief er ganz friedlich wieder ein.

Er wurde munter, weil ein Insekt in seine Nase zu krabbeln schien. Seine Hand verscheuchte es. Doch es kam wieder. Schlaftrunken öffnete er die Augen zu einem schmalen Spalt. Sie kniete mit gespreizten Schenkeln über ihm und bohrte mit einem Grashalm in seiner Nase. Da wurde er schnell wach und wollte sie greifen. – „Nein, nein", entwand sie sich seinen Händen. „Nicht schon wieder!" – Ach ja, er erinnerte sich, wie oft mag es gewesen sein? – „Der Kaffee wird kalt! Ich will mit dir baden!" – „Nur baden?" – „Frechdachs. Die Sonne lacht. Raus mit dir!" Sie zog ihm schnell die Decke weg. Der Kaffeeduft stieg in seine Nase, sie lachte vom Klapptisch in sein schlaftrunkenes Gesicht. – „Das wird ein Tag, Sonne, Sonne, baden, faulenzen ..." – „Lieben ...", fiel er ihr ins Wort. – „Schuft! Ihr Männer denkt doch immer nur an das eine ..." – „Gehören immer zwei dazu!" – Sie warf ihm ein Kissen an den Kopf. „Verwöhnter Kerl! Ich war wohl viel zu gut zu dir! Komm jetzt Kaffee trinken!"

Es wurde so ein Tag. Die Sonne knallte und trocknete ihr Vorzelt. Sie würden es morgen trocken einpacken und weiter fahren. Am Nachmittag gurrte sie an ihn heran und wollte wissen, wie er das so mache mit der Karte und der Orientierung und so. Sie wolle auch einmal der Hauptmann sein. Nur nicht so schnell fahren dürfe er wie gestern auf dem Weg zur Stadt. Sie zeigte sich gelehrig, auch dankbar. Wieder war es ein sehr schöner Tag.

Ein grau verhangener Himmel beim Frühstückskaffee, Reisewetter. Sie brauchten nicht zu befürchten, einen Badetag zum Fahren zu verschwenden, waren sich einig, Glückskinder zu sein. Bedächtig löste er die Stangen des Vorzeltes aus den Halterungen, sie aber betrieb einen heimlichen Wettkampf mit ihm. – „Fertig!", tönte sie nach jedem Handgriff. „Recht langsam heute", fügte sie spitzbübisch hinzu, als sie warten musste, während er den Vorzeltsack verstaute. – „Flinkes Mädchen heute", sprach er anerkennend und streifte mit seinem Blick ihre herausfordernden Augen. Den Wettkampf aber nahm er nicht an, bemerkte ihn gar nicht. Schade, dachte sie, denn sie verspürte unbändige Lust, sich mit ihm zu messen.

Dann breitete sie die Karte auf ihre Knie und er rastete die Handbremse ein – in seinem Kopf. „Na denn, Hauptmann!" – „Vorwärts, Fahrer!" – An diesem Morgen passten sie zusammen wie zwei alte Latschen.

Als er die Kreuzung nahen sah, nahm er frühzeitig den Fuß vom Gaspedal. Er erwartete ihre Anweisung. Sie kam nicht. „Müssen wir nicht links?" – „Erst die nächste", sprach sie schnell. „Ich stehe voll im Stoff." Sie blickte siegessicher. – Verfahren gehört dazu, entschied er schnell, da muss sie durch.

Sackgasse, enge Straße, er hielt an. Sie verbarg ihre Hilflosigkeit unter bösen Blicken. – „Kein Beinbruch", wollte er sie beruhigen. „Abhängen, Auto drehen, Hänger drehen, zurück fahren. Und dann neu ansetzen." – Zurück fahren empfand sie als Schande. „Und wenn wir nun gleich links, dann müssten wir doch ..." – „Das wird heilloses, unkontrolliertes Gesuche", schnitt er ihr das Wort ab. „Komm!" Er stieg aus.

Sie wollte sich nie vor ihm blamieren. Die Karte hätte sie ihm um die Ohren hauen mögen! – Aber er löste schon den Splint von der Anhängegabel. – Sie empfand es demütigend, ihm behilflich sein zu müssen.

Sie saßen wieder fahrfertig. „Weißt du, wo wir sind?", fragte sie kleinlaut. – „Wir fahren zurück bis zur Kreuzung." Aufmunternd sah er sie an.

Aber sie verstand es nicht so. Warum sprach er zu ihr wie zu einem kleinen Kind? Warum guckte er so mitleidig auf sie? „Führ du, ich fahre." – „Nein. Dann traust du dich nie mehr. Man muss auch herauskommen aus verfahrenen Situationen." – Miststück, er weidet sich auch noch an ihrem Missgeschick! Aber nicht mehr lange. Sie wird es ihm schon beweisen! „Also, dann zurück zur Kreuzung!" – Befriedigt legte er den Gang ein. Dass sie das so schwer nahm, verwunderte ihn. Wird sich geben. Er fuhr los.

Einsilbig verliefen die nächsten Stunden. Ganz konzentriert schaute sie auf Karte und Wegweiser, gönnte sich keine Ablenkung, fragte schüchtern, ob ihre Weisung richtig sei. Mal wusste er es, mal hielt er an und sah erst nach. Nur zwei Mal musste er sie korrigieren, sie schien es gelassen zu nehmen.

Im neuen Campingplatz lag der Stellplatz weit weg von der Anmeldung. Und die dauerte diesmal lange. So fuhr er allein schon vor. Als sie kam, war er mit allem fertig. Sie sagte nichts, legte sich in den Hänger und rief: „Steht schief! Wir liegen mit dem Kopf nach unten." – Er legte die Wasserwaage auf die Einstiegskante. Die Blase perlte in der Mitte. „Nicht möglich." – Sie nahm sie ihm aus der Hand, legte sie auf die Küchenkante, zeigte auf die verrutschte Luftblase: „Glaubst du es jetzt?" – Den Unterschied merkt kein Mensch, dachte er und erkannte: Sie sucht Streit.

Wenn er sie doch mal richtig angepfiffen hätte, bei dem Mist, den sie baute! Dann hätte sie zurückgeschossen, und sie wären quitt. Aber nachsichtige, herablassende Art, die zu sagen schien: Lernst du ja doch nicht, aber ich verzeihe dir! Hochnäsiger Kerl! Sie wollte mit ihm streiten, aber selbst den Unsinn mit der Schräge hat er einfach geschluckt.

Nach dem Abendbrot griff sie sich den Walkman, er ein Buch. Als ihr die Hits zu blöde wurden, legte er sein Buch beiseite. Es wurde ihre erste Nacht, in der sie nur nebeneinander schliefen.

Sie schliefen nicht gut. Beim Aufwachen fragten sich beide: Was sage ich als erstes Wort?

Er glaubte, als Erster munter zu sein. Zumindest öffnete er zuerst die Augen und sah in ihr Gesicht. Sie blinzelte. Er flüsterte leise: „Morgen!" – Sie zog die Lider hoch, schaute in sein angstvolles Warten. „Morgen!"

Er schlug die Decke zurück und rutschte an ihr Wäschefach, suchte den Kaffee, fand ihn nicht. Er wühlte alles durch. Wenn sie nun? Richtig, er fand den Kaffee, wo er hingehört. Die nächsten Handgriffe fielen ihm leichter. Er sah unerwartet im Frühstücksfach auch Milchpulver. Das war neu, die Sahne war wohl alle. Den Kauf hatte er nicht bemerkt. Mit jedem Handgriff für den Kaffeetisch wurde ihm leichter um die Brust.

Sie beobachtete blinzelnd alle seine Bewegungen. Er schimpfte nicht, fragte nicht. War sie ungerecht? War er wirklich hochnäsig? Wollte er sie vielleicht doch nur schonen? Dann roch sie den Kaffee aus dem Vorzelt. Er steckte den Kopf herein und sah sie fragend an.

„Der Kaffee kann warten. Wir haben nachzuholen. Komm!" Sie schlug ihre Decke auf. Ein Nachthemd trug sie nie.

Über ihrem Wohnwagen rissen in grauer Wolkendecke blaue Löcher auf.

Am Nachmittag kamen sie vom Baden und waren entsetzt. Da stand ein Nobel-Wohnwagen neben ihnen mit einem Nobel-Vorzelt. Das würde sie nicht stören. Andere Camper interessierten sie nicht, sie hatten mit sich selbst genug. Aber da sprangen drei Kinder herum, vielleicht vier, sechs und acht Jahre alt. Die lieben Kleinen untersuchten gerade ihr Vorzelt. Ob der Häring auch fest saß, probierte der achtjährige Junge. Das vierjährige Mädchen schaute gebannt zu. Und die sechsjährige Schwester lief auf sie zu und fragte: „Tante, wo steht euer Fernseher?" – Die Alten waren nicht zu sehen.

Er trat ganz ruhig an den gefährdeten Häring, nahm die Hand des Jungen zur Seite und sagte: „Du willst doch nicht das Zelt auf den Kopf bekommen?" – Vier irritierte, neugierige Kinderaugen starrten ihn an.

Die Eltern kamen. Erleichtert griffen sie sich ihre Sprösslinge, entschuldigten sich kurz, wie nebenbei und verschwanden mit ihnen im Nobel-Wagen. – Sie sahen sich an. Das konnte heiter werden.

„Aber es war ihnen wenigstens unangenehm." – „Worte", sagte sie. „Beiläufige Worte." – „Andere finden nicht 'mal Worte. Wer weiß, wo die ihre Rasselbande schon gesucht haben." Während er die Bademäntel über die Leine zum Trocknen hing, sie den Gasherd für das Abendbrot anstellte, fiel eine Frage in ihre Sorglosigkeit: Willst du Kinder?

Offensichtlich kann man mit Kindern zum Camping fahren. Bald relativierten sie das Wort Nobel-Wagen. Den brauchte man dann. – Und viel leiser müsse er sein in der Nacht, grinste sie in sein verlegenes Gesicht. Sie habe schon manchmal Sorge, dass sein Stöhnen die Nachbarn erheitere. – Er wehrte sich: Ihre kleinen spitzen Schreie seien auch nicht ohne. Und im Übrigen: Die machen es doch nicht mehr so oft! – Bist du dir so sicher, die Kinder kommen ja schließlich wo her! – So blödelten sie weiter beim Essen und drückten sich doch nur vor der Antwort.

Der Abend war zu kalt zum Baden, doch sonnig genug, draußen zu bleiben. Sie saßen auf den Klappstühlen unter ihrem Sonnendach und fühlten sich wieder nahe. Beim neuen Nachbarn zog Ruhe ein, gerade schlossen die Eltern den Wagen ab. – Ihr Ältester habe doch keinen Schaden angerichtet, fragte die Mutter. Die Kinder schlafen. Sei eine anstrengende Fahrt für die Gören gewesen, so lange stillhalten. Nun gönnen sich die Eltern eine Flasche Wein in der Platzgaststätte. Bis morgen!

Das war schon eigenartig. Diese gestandenen Leute behandelten sie wie ihresgleichen. „Die haben uns für ein junges Ehepaar gehalten!" – „Mmhm, das gerade dabei ist, sein erstes Kind zu machen." – „Du Schuft! Beschrei es nicht, wäre ja furchtbar!" – „Warum? Ich hätte dich gerne doppelt!" – „Mensch, sei doch 'mal ernsthaft!" – „Kann ich nicht, bei so einem sexy Weib!" – „Stelle dir doch vor, es gäbe die Pille nicht. Hättest du es durch die Rippen geschwitzt?" – „Du meinst?" – „Ja, meine ich."

Gestellt. Kein Versteckspiel mehr. „Und du?" – „Erst du. Du bist der Mann!"

Aber er war noch nicht so weit. „Nein. Du bekommst das Kind. Zuerst musst du wissen, wie du damit umgehst." – „Ach, ich soll dir sagen, was ich tu, wenn es soweit ist? Damit du dir eine Taktik zurechtlegen kannst, um dich zurückzuziehen? So haben wir nicht gewettet. Ich habe die Arbeit mit dem Gör. Bekenne du erst Farbe!"

Ihm wurde unbehaglich. Wie sie ihn jetzt in die Ecke drückte! Ist das die Kehrseite einer Powerfrau? Natürlich wollte er Kinder. War sie die richtige Mutter für seine Kinder? Konnte er das schon wissen?

Plant er schon seinen Abgang, wenn es schon passiert sein sollte? Freiheit über alles, ach, du Student, stehst du zu mir? Sie fröstelte.

Plötzlich überfiel ihn große Angst, alles zu verderben. Er wollte so sehr, dass es weiter ging. Was sagt er, um sie nicht vor den Kopf zu stoßen?

Er lässt sich Zeit mit der Antwort. Sagt mir keiner, ob das ein gutes oder schlechtes Zeichen ist?

„Ich will Kinder", sprach er geradeheraus. Jörg suchte ihre Augen, fand einen nicht zu deutenden Blick. „Ich glaube, ich will sie mit dir."

Renate sah: Da war mehr ein Wunsch, weniger Gewissheit. Verlangte sie zu viel? Ehe ich dich zum Mann nehme, muss ich mehr wissen über dich. Ein Schuft aber wirst du nie sein. Gut, das zu wissen.

„Danke, Liebster."

Es war ein inniger, kein Schlafzimmerkuss, mit dem sie einen Schlussstrich zogen. Kühle kam vom Wasser her. Ein Blick, ein Nicken genügten. Bald schlossen sie von innen ihre Tür.

Der nächste Tag sah sie wieder unterwegs. Sie hatte für sich das Fahren gewünscht und heimlich vorher die Karte studiert. Sie bewunderte seine Fähigkeit, soviel daraus zu lesen. Nun übte sie Fahren. Da war es gut, dass er ihr das Kartenlesen abnahm, sie sich konzentrieren konnte auf Gangwahl, Verkehr und Straßenschilder. Aber sie liebte nicht, gab ihr jemand die Richtung vor. Sie wollte alles unter eigener Kontrolle haben.

Er wäre an der Reihe gewesen zu fahren. Er fuhr gern. Doch sie fuhr besser als sie führte. Bei der nächsten Strecke wird er einen leichten Weg auswählen. Sie fuhr halt ein paar Kilometer mehr als er, was tat ihm das. Er wollte sie doch verwöhnen, ihr Spaß bereiten, sie glücklich sehen. Sie sollte sich gut fühlen an seiner Seite. Allein das war wichtig. Verstohlen blickte er hinüber.

Sie spürte sein Anhimmeln, nahm ihre Hand vom Schalthebel und legte sie auf seine Linke. „Bist ein Lieber, mein Liebster. So gar kein Macho!"

Er genoss ihre Hand und ihre Worte. Weiter wünschte er sich gar nichts.

Straße und Verkehr verlangten ihr nichts ab. Ihre Gedanken führten sie zurück. Ihre Campingnachbarn hatten sie beeindruckt. Ob sie beide in zehn Jahren auch so sein könnten? – Er blickte etwas zweifelnd. – Na, sie sei dann bestimmt Marktleiterin, schließlich werde sie nach dem Urlaub schon als Stellvertreterin eingesetzt. Er habe seinen Doktor und leite vielleicht ein Museum. Da werden sie Geld genug haben, sich so ein Auto und so einen Nobelwagen leisten zu können. – Und drei Kinder, warf er zweifelnd ein. – Ja, sicher, Kinder auch, ob nun gerade drei, das werde sich ergeben.

„Ich muss deine Zukunftsplanung jetzt leider unterbrechen. Zunächst solltest du dich links einordnen."

Sie denkt an ihre gemeinsame Zukunft, und er denkt an profanen Müll! Hörte er eigentlich richtig zu? Und – mussten sie jetzt wirklich links? Sie rief sich die Karte ins Gedächtnis. Eine Brücke vor dieser Kreuzung, überquerten sie die schon? Sie erinnerte sich nicht. „Da muss

24

erst noch eine Brücke kommen. Ist sicher erst die nächste." – „Die Brücke haben wir schon passiert." – „Ich habe keine gemerkt." – „Du musst jetzt nach links, sonst wird's zu spät!"

Was schreit er sie an! Blöder Kerl, denkt ja bloß ans Nächstliegende, mit dem plant sie Zukunft? Sie bog links ab, sah das Wegschild, verdammt, recht hat er auch noch! Das Gas heulte im Leerlauf auf.

"Was machst du denn? Ist kein Grund zur Aufregung!"

Kein Grund? Du regst mich auf, vor allem, wenn du recht hast!

Es wurde keine schöne Fahrt. Immer wieder zweifelte sie an seinen Wegweisungen. Bis er explodierte: Ob sie aus dem Gedächtnis inzwischen besser führen könne als er, der die Karte vor sich auf den Knien liegen habe? Sie wolle wohl am Ende Chaos?

Beleidigt schwieg sie. Verwies auf eine Kirche, die müsse vor der nächsten Abbiegung kommen.

Auf der Karte sah sie. Man kann auch auf diese Weise sich den Weg merken, wusste er. Doch das kleine Kirchlein sah man nicht von der Straße, weil Bäume hoch gewachsen sind, seit man die Karte druckte. Kurz vor der Kreuzung merkte er das. Doch sie bestand auf der Kirche, die nächste müsse die richtige Abbiegung sein. Er gab nach. Als sie den Irrtum zweifelsfrei bemerkten, trug für beide der Andere die Schuld.

Er hielt sich bei der Schuldfrage nicht auf, führte ohne weiteres Reden zurück auf den richtigen Weg. Sie hat gesehen: Er kocht auch nur mit Wasser.

Am Ziel verständigten sie sich mit sparsamen Worten über Ort und Aufbau. Diesmal standen sie einsam. Nur eine Nacht wollten sie bleiben. Er war nicht recht bei der Sache, fragte sich immer wieder, warum sie sich so verzankten. Drehte den Drehling in die falsche Richtung. – Sie sah es sofort. „Geh' weg, wenn du das nicht kannst!" – Er knallte ihr den Drehling vor die Füße. „Mach' doch alles selber!" Er ging hinter die Büsche.

Es wurde ein seltsames Abendbrot. Eigentlich war es gar keines. Jeder nahm sich, was er wollte. Er musste öfters suchen, nur weniges stand noch so wie anfangs. Sie amüsierte das. Er schimpfte nicht, doch in ihm wuchs etwas an.

Sie kauten schweigend.

Immer wieder blickte sie verstohlen in sein Gesicht. Warum duldet er nur, warum wehrt er sich nicht?

Er vermied es, sie anzusehen, fühlte sich hilflos, spürte: Sie will sich mit ihm messen. Aber er will nicht mit ihr kämpfen. Er will sie lieben, sie verwöhnen, ihr geben, was er kann. Warum tut sie das?

Sie wusste inzwischen, hochnäsig war er nicht. Wenn er ihre Launen ertrug – ja, sag's dir ruhig, du bist launig, hört dich ja keiner – musste er Gründe haben. Renate konnte sie sich nicht vorstellen. Ungerecht war sie zu ihm, er hat das nicht verdient! Eigentlich müsste sie sich entschuldigen. Nein, sie entschuldigt sich nicht bei einem Mannsbild, vor keinem, sie ist eine selbstbewusste, selbstbestimmte Frau! Wer sie haben will, hat sie zu nehmen, wie sie ist! Und – will sie ihn? Eigentlich schon. Und sie weis auch, wie sie ihn wieder 'rumkriegt!

Während er die letzten Bissen kaute, spürte er ihre Hand durch seine Haare fahren. Sie strich zart über seinen Rücken, knetete weich seine Schultern. Er ließ es sich gefallen, sah sie noch nicht an. Ist halt ihre Art zu zeigen, dass sie bereut. Damit werde ich leben müssen, wenn ich mit ihr leben will. Will ich das? Ihre Hände strichen über seine Brust und den Rücken gleichzeitig, sie küsste seinen Hals. Er schloss die Augen und ergab sich. Versöhnen ist doch schön, dachte er dabei.

Es wurde eine ihrer wundervollen Nächte.

Traumnebel lagen über dem Dorf in Mecklenburg. Die kleine Enkelin lag im Bett, an die Oma geschmiegt. Oma erzählte vom hoch geachteten Bauernsohn, der den Hof des im Krieg gebliebenen Vaters ganz allein bewirtschaftete mit Mutter, Großeltern und Knecht. Eines Tages brachte er ein Stadtmädchen als neue Bäuerin. Alle, das ganze Dorf war skeptisch. Das Stadtmädchen aber lernte vom Bauernsohn erst füttern und melken, nahm ihm die Arbeiten nacheinander ab, zuletzt fuhr sie gar den Traktor selber. So nahmen sie sich zusätzlich

Sommerfrischler auf den Hof, so hießen damals Urlauber, und die kamen noch mit der Eisenbahn. Fast täglich sah man den Bauernsohn die Koffer seiner Gäste tragen zum nahen Bahnhof. Einmal sahen ihn die Dörfler auch Koffer tragen, doch keine Gäste neben ihm, und er stieg gar in den Zug. Der fuhr ab, und niemand hat ihn wieder aussteigen sehen.

Seine Bäuerin, das Stadtkind, das keines mehr war, konnte nicht glauben, was man ihr erzählte. Das ganze Dorf konnte nicht glauben, dass er sein Erbe aufgab und die tüchtige Bäuerin, die sichtlich unglücklich ihr Schicksal trug.

Schwer atmend erwachte sie. Hat Oma wirklich eine solche Geschichte erzählt? Sie fröstelte und drehte sich, zog die Decke über und sah ihn liegen. Wie ein satter Säugling schaut er aus, dachte sie. Und sie fühlte sich gleich besser, denn sie hatte ihn so satt gemacht. Was muss ich tun, damit er nicht weggeht und mir den Hof lässt? Das wird er doch nicht tun? Bangen Herzens schlief sie wieder ein.

Schwer wurde sie munter. Spürte dabei Finger, ein süßes, sanftes Streicheln – ein Streicheln? Sie riss die Augen auf und sah in sein Gesicht. Das sprach leise: „Morgen!" – „Morgen!" – „Na, Kriegsbeil begraben?" – „Kriegsbeil begraben. Großes Indianer-Häuptlings-Ehrenwort!" Sie zog ihn an sich und ließ ihn gar nicht wieder los.

„Du gehst nicht weg", sprach sie flehentlich zu ihm. „Du nicht!" – „Natürlich nicht", antwortete er überrascht. Verstehe mir einer die Weiber!

Plötzlich sprang sie auf. „Ich mache Kaffee!" Sie bückte sich, das Gas anzustellen, streckte sich, den Kaffee herunter zu holen und das alles, wie Gott sie geschaffen, denn ein Nachthemd trug sie nie. Er freute sich ihres Körpers, ihrer Bewegungen. Als seine Blicke lüstern wurden, begegnete er ihren Augen. – „Nichts gibt es! Genug geliebt! Geh schwimmen, das kühlt ab!" – „Du bist noch dran heute!" – „Ja, ja. Dein Bademantel!" – Schwarz ward ihm vor Augen. Er wühlte sich heraus, warf noch einen schnellen, begehrlichen Blick auf den beweglichen Nackedei – dann lief er zum See.

Kühles Morgenwasser. Trotzdem tauchte er hinab, glitt über den Grund und spürte, hier verlor es noch einmal Wärme. Er wollte sich beweisen, zählte bis zehn, dann erst gestattete er sich, aufzutauchen. Langsam nur, bei fünfzehn erst teilte er wieder die Wasseroberfläche. Er prustete und planschte sich warm. In ihrem Beisein verboten sich solche Mutproben. Sie starb fast vor Angst, wenn er länger unter Wasser blieb. Dabei tauchte er gern, schaffte dasselbe auch bis zwanzig. Aber heute stand ihm der Sinn nicht nach Rekord.

Sie ließ echte Sorge spüren. Deshalb respektierte er das und ließ langes Tauchen. Es war verrückt. Sie sorgt sich um ihn: Dass er nicht zu lange unter Wasser taucht, Strümpfe anzieht, wenn es kühler wird, ein Hemd überzieht, wenn die Sonne brennt. Verwöhnt ihn, wenn sie kocht, freut sich, wenn es ihm schmeckt. Und achtet, dass er sich nicht in Küchensachen mischt, ihr Bereich ist für ihn tabu. Und dann wieder will sie von ihm alles wissen, zweifelt an, was er tut, verunsichert ihn, giftet gar – wie passt das nur zusammen?

Inzwischen schwamm er zurück, solange es sich schwimmen ließ. Sind alle Frauen so – extrem? Man müsste fragen können. Nietzsche würde zitiert: Wenn du zum Weibe gehst, so nimm' die Peitsche mit! Ein bisschen Macho liebt jede Frau! Plattheiten dieser Art kannte er genug. Dahinter versteckte der Redner eigenes Unwissen. Wer von seinen Freunden fand schon den Mut zu solch einer Campingfahrt mit einer Frau ganz allein? In Cliquen führten sie das große Wort, wussten alles ganz genau. Schaumschläger!

Nun musste er sich aufrichten, sonst schrammten seine Knie. Das Wasser rann an der Haut herab. Er spürte keine Kühle, nur Wasser, Luft und eigene Kraft. Er wollte sie doch haben, ganz für sich haben, vermisste ihre Bewunderung vom Anfang ihrer Fahrt. Vielleicht fiel ihm noch etwas ein, die Mutter seiner ungeborenen Kinder zu beeindrucken.

Er bückte sich nach dem Bademantel, hüllte sich hinein. Die Mutter seiner Kinder, sollte sie es sein? Sie war ihm noch eine Antwort schuldig. Seine Offenbarung rang sie ihm ab, die ihre stand noch aus. Sinnend tappte er durch das Gras zum Wohnwagen. Wir haben noch zu reden miteinander.

Trübe Gedanken verscheucht man durch Arbeit. Das sagte Oma, das sagte Mutter. In ihrem kleinen Reich fand sie alles dafür, ein Büfett zu richten: Den Pfeffer, das Salz, den Käse, die Wurst, einen Herd, um zu brutzeln. Sie brauchte niemand und das zu wissen, das gab Kraft. Das mache ihr einer nach: In dieser Enge Kaffee zu kochen, Eier zu garen, Brot zu schneiden und zu belegen - kurz, ein Frühstück zu richten wie im Hotel zum Frühstück. Sie freute sich schon seiner Augen. Ach, er war ein Schatz, den muss sie einfach verwöhnen! Schon deshalb, weil er auch ein so guter Liebhaber war – die größte Überraschung dieser Campingfahrt.

Sie stellte den Klapptisch neben den Wagen ins Freie. Ganz reichte er nicht aus für die Fülle ihrer Gedecke und vorgesehenen Genüsse. Sie wusste Rat mit Kühlbox und drittem Hocker. Noch die Tischdecke zurecht gezupft, da musste auch noch eine kleine Vase sein? Sie fand die Vase, steckte die Papierblume vom Rummelplatz hinein, die sie aus unerfindlichen Gründen aufgehoben hat – fertig.

Er trat um den Wohnwagen herum und sah ihren Frühstücksplatz. Sein wichtiges Gespräch wird warten. Jetzt musste er sie loben. Das ist hoch verdient. Ihre Blicke fanden sich, leuchteten ineinander, er wollte sie küssen. – „Nicht immer küssen! Ich will manchmal auch Worte hören." – Komplimente mochte er nicht. Doch wenn sie es wünschte ... „Wunderschön! Ich bin sprachlos. Wie hast du das gemacht?" – Sie badete in seinen Worten, seinen Blicken. Stolz strahlte aus allen ihren Bewegungen. „Nun bitte ich zu Tisch!"

Er setzte sich. Während er sich ihres Stolzes freute, fuhr eine Harpune in seine Seele und klappte hässliche Widerhaken aus: Warum kann ich nicht mehr wie sie in ihrer Nähe Stolz empfinden?

Er ließ sich nichts anmerken. Es steckte so viel Liebe in diesem kleinen Imbiss! So wurde es ein liebevolles Frühstück, mit viel Appetit, zartem Streicheln und kleinen Küsschen.

Den Aufwasch wollte sie allein tun. Es war ihm recht. Er breitete die Karte auf den Klapptisch, suchte einen leichten Weg zum nächsten Ziel und markierte ihn mit kräftigen Strichen. Den Weg findet sie.

Sie räumte die letzten Teller ein und blickte aus den Augenwinkeln. „Ich habe den Weg schon ausgesucht, bevor du kamst."

Er sah schon wieder Streit kommen. Er wollte keinen nach diesem schönen Frühstück. Wird er halt nachgeben, was ist schon wichtig, welchen Weg sie fahren. Nur, dass er zum Fahren an der Reihe war, darauf wollte er bestehen.

Sie bestritt das gar nicht. Verglich seine Strecke mit der ihren und bemerkte natürlich, dass seine länger war. Dafür einfacher zu finden, wollte er sagen, unterließ es. Er wolle ihr nichts vorschreiben, wenn sie schon führt. Er wird ein braver Fahrer sein und ihr nicht hineinreden.

Dann lösten sie Stützen und Bremsklötze und waren erleichtert, sich nicht in die Quere zu gekommen zu sein. Sie konnten doch miteinander. Aufatmend setzten sie sich zurecht.

Renate nahm ihre ausgewählte Strecke. Er fuhr, wie sie es angab. Sie verfuhr sich. Beim dritten Mal platzte ihr der Kragen: Warum er so ruhig daneben säße, während sie sich abmühe, überließe wieder alle Arbeit ihr! Und zu schnell fahre er außerdem. – Sie höre ja doch nicht, wollte er entgegnen. „Es ist deine Strecke, ich kenne sie nicht." Jörg wollte keine Eskalation. Bei Dämmerung erreichten sie den Platz, der Mann in der Aufnahme ließ den Schlagbaum noch einmal hoch. Dann beschränkten sie sich auf das Notwendigste. Morgen wird ein besserer Tag sein.

Sie wollten doch vermeiden, aufeinander loszugehen. Froh waren sie, das geschafft zu haben.

Renate verstand sein Schweigen noch immer nicht. Es schien ihr unterwürfig. Sie fühlte sich gespalten, war stolz, in der zweiten Hälfte der Fahrt ohne Fehler ausgekommen zu sein und ärgerte sich trotzdem. Er hat geschwiegen. Sie hätte getadelt.

Er hoffte, dass sie begriff: Sie kann nur aus eigener Erfahrung lernen, weil sie Ratschläge anderer nicht mag. Und Vorwürfe sind nicht sein Ding.

Dann hörte sie abendliches Vogelzwitschern. Sie lauschte, erst fast unbeteiligt, dann hingegeben. Als sie den Kopf zu ihm wandte, sah sie seinen wartenden Blick.

Sie sprachen nichts, verstanden trotzdem ihr Sehnen. Und sie liebten einander, liebten sich gut. Und fragten sich: Können wir auch miteinander leben?

Er wurde munter, weil eine Spinnwebe sein Gesicht zu streifen schien. Seine Hand verscheuchte es wohl. Doch es kam wieder. Schlaftrunken öffnete er die Augen zu einem schmalen Spalt. Sah nichts. Begriff schließlich, dass ihre Brüste sein Gesicht streiften. Da wurde er schnell wach und griff nach ihren Hüften. – „Nein, nein", entwand sie sich seinen Händen. „Nicht schon wieder!" – Ach ja, er erinnerte sich, wie viele Male wohl? –„Der Kaffee wird kalt! Ich will mit dir baden!" – „Baden? Nur zwischendurch!" – „Geiler Bock! Die Sonne lacht. Raus mit dir!" Sie zog ihm rasch die Decke weg. Kaffeeduft zog in seine Nase, sie lachte vom Klapptisch her in sein schlaftrunkenes Gesicht. – „Ein Tag für uns! Sonne, Sonne, schwimmen, faulenzen ..." – „Gibt auch noch anderes ..." – „Ach, du Edel-

Liebhaber! Kannst du auch an anderes denken?" – „Wie soll ich das können bei einer so süßen, fleißigen Hure!" – Wie der Blitz sprang sie auf, hinein in den Wohnwagen und ihm an den Hals. „Das bleibt nicht ungestraft!" – Nur mühsam brachte er stockend hervor: „Ich liebe solche Strafen!" – Es waren fürs nächste seine letzten Worte.

Es wurde so ein Tag. Und beide erinnerten sich, dass es nicht ihr erster solcher Tag gewesen war.

Der Abend war zu kalt zum Baden, doch sonnig genug, draußen zu bleiben. Sie saßen unter ihrem Sonnendach und fühlten sich wieder nahe. Büume auf der anderen Seite des Sees spießten die Sonne auf. Ein kleiner Junge tappelte zum Wasser, tatschte seine Hand hinein und freute sich der Wasserspritzer. Dann stakte die Mutter durch den Sand und zog den Widerstrebenden heim.

„Ein richtig süßer Hemdenmatz", sprach sie mit leuchtenden Augen. So sah er sie noch nie. „Erinnerst du dich?" – „Natürlich", fiel sie ihm ins Wort. – „Du – willst Kinder?" – „Na, sicher. Das musst du doch wissen." Sie freue sich schon, eines Tages so ein kleines Balg in Händen zu halten, ihr eigen Fleisch und Blut. Sie würde es hüten und bewahren, vor allem beschützen, niemand würde sie es überlassen. – „Auch deinem Mann nicht?" – „Bist du schon eifersüchtig? Ist doch noch gar nicht angesetzt! Was erwartet mich von dir?" – Sie himmelten sich an und fühlten sich näher als in ihren Nächten.

Es sei heute schwierig, überlegte sie, die richtige Zeit dafür zu finden. Jetzt ginge es gar nicht, erst müsse die Stellvertreterin geschafft sein. Dann aber ist die Marktleiterin in Aussicht. Anderen Leuten wolle sie ihr Kind nie überlassen, nicht einmal der Oma. Sie wolle ihr Kind unter voller Kontrolle haben. – „Was wäre denn meine Rolle?" – Na, Geld heimbringen, nur dazu taugt eigentlich ein Vater – und die Mutter glücklich machen, fügte sie augenzwinkernd hinzu. – „Das sehe ich nicht so ..." – Es sei so, fiel sie ihm sofort ins Wort. Er möge doch die vielen allein erziehenden Mütter sehen, die packen es doch auch. Und in den meisten Ehen haben sowieso die Frauen das Sagen, das wisse sie längst, habe er das noch nicht bemerkt? – Und sie wolle das Kind auch allein groß ziehen, ohne Oma, vielleicht gar ohne Mann, und dem Kind würde nichts fehlen, meine sie das wirklich? – Sie wand sich ein wenig, aber im Wesentlichen sei es so.

„Du sagst gar nichts mehr", wunderte sie sich nach einer Weile des Schweigens. – Nachdenken müsse er. Es klang ihm fremd und kalt.

Der nächste Nachmittag sah sie bummelnd in dem nahen Fachwerkstädtchen. Diesmal erklärte er nichts, wartete auf Fragen. Sie bestaunte die Formen des Holzes, den gebogenen Schwung der Balken. Am Brunnen bespritzte sie ihn mit Wasser, riss aus, als er eine Handvoll Wasser nahm. Eis schleckend standen sie vor dem schmalsten Haus Deutschlands. An solcher Art Rekord konnten sie nichts finden. – „Marketing für die Tourismusbranche, mehr nicht", sagte er. – „Ja, ja. Klappern gehört zum Handwerk", ergänzte sie, zog ihn weiter an eine Orientierungstafel. „An diesem Aussichtspunkt soll das Panorama herrlich sein. Aber zwölf Kilometer zu Fuß, alles bergauf und dann zurück ..." Sie blickte zweifelnd auf ihre Sandalen mit den schmalen Riemchen um die Zehen.

Er schaute auf den Weg, langsam wuchs eine Idee. Einen Einheimischen müsste er zurate ziehen. Der da mit der Schlosserjacke war sicher kein Tourist. „Hallo, Sie kennen sich doch hier aus!" – Nicken. – „Kann man zur Teufelskralle mit dem Auto fahren?" – Das Gesicht lächelte. „Mit einem Golf sicher nicht. Aber Forstautos habe ich dort schon gesehen." – Jörg dankte.

„Willst du dorthin?" – „Ich weiß noch nicht."

„Ich habe da etwas gesehen, komm!" – Sie stakte los, ohne weiter auf ihn zu achten, war sich sicher, dass er folgen wird. Und er folgte und sah auf ihre Hüften, wie sie verführerisch schwangen – naive Provokation fiel ihm als Begriff ein. Doch eher ist das als 'wissende' Provokation zu bezeichnen. Das stimmte aber auch nicht, sie war sich dessen doch nicht bewusst. Quatsch dich selber nicht mit Unsinn voll, freu dich ihrer Bewegung, freu dich, wie schön sie ist, dass sie deine Liebste ist, sie dich haben will! Nur die ihm zugedachte Rolle in ihrem Leben behagte ihm nicht. Er wird immer kämpfen müssen, mit ihr in Augenhöhe zu sein. Und er wollte doch nicht mit ihr kämpfen, wollte lieben, verwöhnen und selbst bewundert werden.

So nahm er in dem kleinen Fachwerkstädtchen Abschied von einer Jungenillusion. Mit einem Paukenschlag wollte er seinen Kampf einleiten, der ihm mit ihrer Bewunderung gleich ein kleines Polster geben sollte. Er schafft das. Ganz sicher.

„Träumst du?" – „Ja, aber nur von dir." – „Schmeichler. Schau!" Eine Hexe auf dem Besenstiel zur Erinnerung, kitschig, aber süß. Erwartungsvoll schaute sie ihn an. – „Zwei!" – „Wieso zwei?" – „Na, für dich und mich!" – „Brauchen wir nicht nur eine?", gurrte sie.

Das geht unter die Haut. „Nur für den Anfang", beschwichtigte er. „So hat jeder seine Hexe und kann vom Anderen träumen." – Sie himmelten sich an.

Die Sonne stand nicht mehr auf ihrer Seite. Graue Wolkenfahnen ließen keine Lücke am Himmel. Sie löste Kreuzworträtsel, er suchte einen Weg zur Teufelskralle. Gestern hat er schon bemerkt: Kein Forstweg war abgesperrt. Mittags schlug er vor, mit dem Jeep zur Teufelskralle zu fahren. In Gedanken ließ sie schnell ihre Schuhe Revue passieren. Dann stimmte sie zu.

Eine bequeme Betonstraße. Als er herunter auf den Waldweg fuhr, hielt sie den Atem an. Die nachfolgenden Wellen hielten sich in Grenzen. Sie gewöhnte sich an das weiche Schaukeln.

Wenige Meter vor dem Aussichtspunkt sprang er schnell aus dem Jeep, hielt ihr galant den Wagenschlag auf. – „Nanu, bin ich gar nicht gewöhnt von dir." – „Ich passe mich der Umgebung an." Und er erzählte, dass in alten längst vergangenen Zeiten hier Ritterfräulein herumspaziert wären. Sie möge sich so fühlen, er leiste gern ihr Minnedienste, begleitete seine Worte mit weitausholenden Bewegungen, als ziehe und schwenke er einen imaginären Hut. Sie freute sich seiner lustigen Verehrung. Dann aber zog sie ihn an sich. Eng aneinander gelehnt, schauten sie auf die weite Ebene. Abrupt endete hier das Gebirge, hochragend über dem flachen, fruchtbaren Land. Keinen Hügel, kaum eine leichte Bodenwelle sahen sie vor sich in den Feldern liegen, der Gegensatz zu den von Felsen unterbrochenen Wäldern hinter ihnen konnte größer nicht sein. – „Nun weiß ich, warum meine Freundin so schwärmte von diesem Platz", sagte sie. „Das gibt es bestimmt kein zweites Mal." Deshalb verkrafte sie auch die Schaukelei hierher.

Sie fand es nötig, das bisschen Schaukeln zu erwähnen? Wird er sie überfordern mit dem, was er nun plante? Er dachte an seine Erkenntnis, dass er immer werde kämpfen müssen, um mit ihr in Augenhöhe zu sein. Er erinnerte sich, wie ihre Bewunderung am Anfang ihm das so erleichtert hatte. Nur, wie er jetzt geplant hat, sieht er eine Chance für sich. Er musste durch.

Sie blickte ins Land und blickte in sich. Einiges war anders geworden. Die Schmetterlinge im Bauch flatterten seltener, manches war schon fast Routine und Streit zwischen ihnen so selten nicht. Er schien sich zurückzuziehen. Renate fragte sich, weshalb, verwöhnte sie ihn doch, bediente ihn gar. Noch nie tat sie für andere, was sie für ihn getan. Sie wollte ihn und fühlte Angst und wusste nicht, wovor. Bald wird ihre Fahrt zu Ende gehen, eine schöne Fahrt, so oder so. Wird es ihre letzte sein? Sie fröstelte, kroch eng an ihn heran. Er spürte es sofort, kam ihr entgegen. War ihm auch angstvoll zumute?

Auf dem Rückweg bog er nach wenigen Metern ab. Sie schaute fragend. – „Ist kürzer!" – Bäume fassten ihn ein, das ist normal in diesen Wäldern. Plötzlich verschwand der weiche Boden. Von links stieß ein anderer Weg auf den ihren, wellig, stark gefurcht, kein Ausweichen möglich. Sie schaute ihn erschreckt an. – „Keine Sorge!" – Geländegang, die vier – er blickte zu ihr – lieber den dritten Gang! Rumpelnd stieg der Jeep mal rechts mal links in die Höhe. Jetzt fiel der Weg stark ab, sie hielt für einen Moment die Luft an, er legte den zweiten Gang ein, eine Traverse querte den Weg. Er nahm sie mit dem linken Vorderrad, plötzlich sank sie tief unter ihn, noch einmal, dann war auch das Hinterrad darüber hinweg. Sie atmete auf, er sah schon die nächste. Diesmal rechts anfahren, sie blickte auf ihn herab – und sah schon wieder die nächste Traverse! Himmel, ging das immer so weiter? Er musste sich konzentrieren, vergaß seine Mitfahrerin. Plötzlich Rinnsale von rechts, dann ebener Weg, eine große Wasserpfütze. Herrgott, wo kam das Wasser her, da war doch nichts auf der Karte! Er sah die Spuren seiner Vorgänger hineinführen, sah ihr Herauskommen. Also kann man durch! Angehalten, Differenzialsperre einlegen, langsam Gas und steigern. Wasser spritzte, doch die Räder fassten, den kleinen Schrei konnte er jetzt nicht beachten. Die Bugwelle klatschte an die Seitenränder, aber da war kein Loch, ruhig stiegen die Räder den jenseitigen Hang hinauf. Er atmete auf, Sperre wieder heraus – wenige Meter vor sich Sand – das gibt es doch nicht! Wo kommt in dieser Gegend Sand her? Keine Zeit, die Frage zu beantworten, er musste fahren, fahren, ja nicht zum Stehen kommen! Und er fuhr und lenkte durch Sand und Schlamm und über Bodenwellen, aufwärts, abwärts, kuppelte und schaltete, war wieder Kompaniecheffahrer, der seinen Hauptmann an sein Ziel bringen wollte und das immer geschafft hatte. Endlich sah er die Straße. Doch sein Weg führte parallel, immer noch mit Wellen und tückischen Hindernissen, bis er endlich eine steile Auffahrt sah. Herunter vom Gas, fast stehen geblieben, mit der Eins den Hang hinauf gequält – endlich wieder Asphalt unter den Reifen! Er hielt an und wischte sich den Schweiß ab. Ein Schild vor ihm ließ ihn aufblicken: 'Motorcrossstrecke des Vereins. – Wir danken der Gemeinde und den Bürgern ...' – Nein, das hat er nicht gewollt! Und so etwas steht freilich auch nicht in der Karte!

Ohne Wissen ist er eine solche Strecke abgefahren und hat es geschafft. Er konnte wirklich stolz auf sich sein. Wird sie das auch so sehen?

Auch sie las das Schild und dachte: So eine Gemeinheit, ihr solche Angst einzujagen! Warum tut er ihr das an?

Er sah ihr bleiches Gesicht, erwartete einen Ausbruch, Vorwürfe. Eine furchtbare Ahnung stieg in ihm hoch. „Das", er deutete auf das Schild, „habe ich nicht gewusst!" – „Das soll ich dir glauben? Und da studierst du so lange die Karte für diesen kurzen Weg? Halt' mich nicht für doof!"

Voll daneben!. Hilflos hing er hinter dem Lenkrad. Er sollte an der Versöhnung arbeiten. „Fahr du weiter!"

Wortlos wechselten sie die Plätze, wortlos fuhren sie zurück. Ihr Abendbrot war keines. Jeder nahm sich. Oft musste er suchen. Dass sie das zu amüsieren schien, fand er fast schon als gutes Zeichen. Als sie den Wohnwagen verließ, legte er die Karte auf ihre Bettseite und zog die Decke über den Kopf. Bei ihrer Rückkehr stellte er sich schlafend.

Es wurde ihre zweite Nacht, in der sie nur nebeneinander schliefen.

Dass sie am Morgen den Platz verlassen und ihr letztes Ziel ansteuern werden, war schon lang beschlossen. – Renate verspürte Lust, gleich nach Hause zu fahren. Jörg ist ein Spieler, ein Abenteurer, ein versteckter Bruder Leichtfuß, der ihr Angst einjagen, so ihre Bewunderung erwerben will! Mit so einem bleibt man doch nicht zusammen!

Dann hörte sie die Vögel zwitschern. Sie lauschte, schlug die Augen auf. Sie erkannte einen Sänger von gestern wieder. – Von gestern, da war die Welt noch in Ordnung. Auf der Karte könnte er nicht sehen, dass dort eine Motocrossstrecke sei? Woher könnte er es gewusst haben? – Ihr gefiederter Freund sang wieder schön. Gern hätte sie ihn gesehen. Sie schlug die Decke zurück, griff sich den Bademantel und glitt zur Tür. Kühle empfing sie draußen. Sie ortete die Richtung, das kleine Gehölz, in der ihr Freund sang, zog den Klappstuhl heran und schaute aufmerksam. Natürlich entdeckte sie ihn nicht. – Und es schien ihr wie ein Gleichnis, denn sie hätte doch so gern gewusst, warum er gestern nicht wenigstens angehalten, sie aussteigen ließ, wenn er schon aus Versehen hineingeriet.

Er wurde mit der Ahnung munter, etwas fehle. Sie war nicht da. Angst kroch ihn an. Doch er beruhigte sich, ihr werde nichts passieren, war sie doch eine Powerfrau. Langsam drang Vogelzwitschern an sein Ohr. Das liebte sie. Sie suchte wohl den Sänger? Das passt zu ihr. Zu ihr passt auch die Angst, die sie gestern erlebt hat. Wo war da ihre Power, war die auch nur gespielt, vorgetäuscht, weil Mädchen eben heute so zu sein hätten, stark, 'cool', fast bessere Männer? Dann sollte er jetzt Hausmann spielen, Kaffee machen – warum nicht, Tätigkeit lenkt ab. – Er griff nach Kaffee, wollte das Gas anstellen und fand die Streichhölzer nicht. Fand sie schließlich, suchte das Milchpulver. – Sie ist ja so 'variabel', wie sie immer spricht! Ärger stieg hoch, warum tut er sich das an, es gibt auch noch andere Mädchen! – Doch schließlich und endlich prangten Kaffeetassen und Eier auf dem Klapptisch. Den zweiten Stuhl fand er nicht.

Vor dem Gehölz sah er sie sitzen, ging er zu ihr und legte sanft die Hand auf die Schulter. „Ich habe den Kaffee vorbereitet." – Sie zuckte nicht und rührte sich nicht. Dann sprach sie: „Ist auch das Mindeste, was du tun konntest." – Die Pausen der Sänger wurden langsam größer. Schließlich erhob sie sich, und ging mit ihm zum Wohnwagen.

Sie sprachen kaum beim Essen, kaum beim Abbau. Er bot ihr an zu fahren. – „Das möchte auch sein. Oder meinst du, dass ich Dich noch fahren lasse?" – Wenn du logisch denken könntest, würdest du mir nach dieser Erfahrung noch viel mehr vertrauen, schrie es in ihm. Jörg sagte es nicht. Da stand kein Mann vor ihm. Einen wütenden Blick zu ihr hat er nicht unterdrücken können. – „Du hast immer noch nicht begriffen, dass ich tausend Ängste ausgestanden habe?", funkelte sie zurück. – Natürlich habe er das längst verstanden. „Aber ändert das etwas? Ich kann es doch!" Angst habe er ihr jedenfalls nicht machen wollen, das war einfach Pech. – Und warum habe er nicht angehalten, sie wenigstens aussteigen lassen? – Das wisse er nicht, sie habe doch auch nichts gesagt! – „Das hättest du dir aber denken müssen, das erwartet man einfach als Frau vom Mann!" – Ach ja, auf einmal will sie wieder das alte Rollenspiel, wenn es hart auf hart kommt, wie es ihr gerade nützlich scheint – doch diese Worte konnte er zurückhalten. Er biss sich auf die Lippen. Es wird ja doch nichts mit ihnen.

Und beide dachten, dass sie lieber gleich durchfahren sollten nach Hause. Aber gleichermaßen erschöpft vom Streit sprach keiner das erste Wort. So rückte er sich die Karte zurecht, sie legte den Gang ein – unter grauem Himmel fuhren sie einen lang beschlossenen Weg.

Langsam klarte der Himmel auf. Graue Schieferdächer der Häuser wechselten sich ab mit roten Ziegeldächern, dann verschwanden sie. Bald ließen sie hinter sich Berge und Wald, weitete sich das Land unter sonnigen Flecken. Sie sprachen wenig, doch schon mehr als gestern. Angekommen staunten beide, wie sie sich ohne Worte verstanden. Der Drehling rutschte ihm ab, sie sah es, sprach kein Wort. Sie richtete das Abendbrot wie immer. Ab und zu trafen sich kurz ihre Blicke. Nach dem Abendessen schauten sie sich lange an, saßen nur da und taten nichts. Dann trat Jörg hinter sie, umfasste mit beiden Armen ihre Schultern. Renate duldete es, lauschte in sich hinein. Er streifte mit seinen Lippen ihr Haar, glitt ihren Hals entlang, fasste ihr Ohrläppchen. Sie ließ es geschehen, lange. Dann entzog sie sich ihm, ihn anzuschauen. In seinen Augen erkannte sie die gleiche bange Frage. Sie fassten sich an, aneinander Halt zu suchen, fielen plötzlich wie Ertrinkende über den anderen her.

Sie fürchteten sich vor dem Wasser und hatten doch Durst, großen Durst. Sie tranken und tranken, als sei es zum letzten Mal und tranken sich satt. Bei Sonnenaufgang schliefen sie ermattet ein.

„Nun lass' dir doch nicht jedes Wort einzeln aus der Nase ziehen." Eric wurde ungeduldig. Da saß der Freund nun hier in seinem Büro, Wohnwagen und Jeep standen wieder, wo sie hingehörten. „Seid ihr nun Brautleute oder geschiedene Leute?"

Er schwieg. Vor ihm lag die kleine Hexe. Eric fand sie im Wohnwagen. Jörg hatte sie vergessen. Nach ihrer letzten Nacht haben sie normal miteinander gesprochen. Spröde schien alles zwischen ihnen zu sein. Zum Abschied küssten sie sich, dankten einander für die schönen Tage. Alles schien normal und doch entrückt.

„War der Jeep nützlich?" – Der Jeep. Endlich löste sich sein Schweigen. Er erzählte von der Motocrossstrecke und wie er wieder in Augenhöhe mit ihr kommen wollte. Vom Desaster danach. – Nimm dir `ne Andere, sprach Eric. Wenn sie schon für selbstverständlich hält, dass Frauen das Sagen haben! Lass sie laufen! Wirst immer Ärger haben, will dich unterbuttern! –

Zu einfach gedacht, antwortete Jörg. Erstens wollen die Weiber heute doch alle Girlies, eigentlich nur bessere Männer sein. Dabei können sie es gar nicht, sie kriegen nun einmal die Kinder, haben mehr Angst und mehr Gefühl. Das wusste er nun. Man müsse sie nehmen, wie sie sind, ihre Launen aushalten. Doch es kann so demütigend sein – oder so streitig. Beides wolle er nicht.

Er ging weg von Eric, der ihm keine Plattheiten sagte, den Freund verstand – und wusste doch nicht, was er tun solle.

Zur gleichen Zeit war sie daheim fertig mit dem Auspacken ihrer Koffer. Die kleine Hexe fiel dabei aus einem Beutel. Nun hielt sie diese, saß vor dem großen Küchentisch. Mutter Hatte an ihm oft von sich und Vater erzählt, kleine Geheimnisse offenbart. Männer blieben immer große Jungen, träumen von Abenteuern und wollen Winnetou sein. Eine kluge Frau weiß das.

Sie hat es nicht akzeptiert. Jörg wollte ihr den Kerl beweisen. Aber sie kam über ihre Angst nicht hinweg. Das wird er ihr nie verzeihen können.

So sieht also ein Ende aus. Leer fühlte sie sich, schaute aus imaginärer Höhe auf sich selbst herab mit einer seltsamen Genugtuung, die hieß: Nun weißt du, wie das ist, wenn zwei sich trennen.

Sie warf sich nicht auf den Küchentisch. Ihr Kopf fiel einfach herab auf die Platte, die Hexe fiel zu Boden, ihre Arme umschlangen die Schultern, Tränen brachen jäh hervor. Sie schluchzte mit allen Muskeln, spürte, wie sie ihren ganzen Körper brauchte, um weinen zu können. Sie spürte ihre Kraft erlahmen, sie verströmte dahin. Ihr Sinn wurde ruhiger, fast leicht – und doch war alles noch beim Alten.

Dann klingelte ihr Telefon.

3. Der Wanderstock

Die Personen dieser Geschichte sind ein junges Mädchen, ein junger Mann, der Vater des Mädchens, dessen Frau, die Freundin des Mädchens und die Bewohner eines kleinen Dorfes hoch am Erzgebirgskamm. Der Einfachheit halber nennen wir den jungen Mann Peter, das junge Mädchen Petra, den Vater Paul und seine Frau Paula. Paul klingt etwas nach Papst und einem Patriarchen. Mit einem Papst hat das alles nichts zu tun, aber ein Patriarch ist der alte Paul schon. Da der Name Paula ein Modename jener Zeit war, in der Patriarchen und duldende Frauen das Idealbild einer intakten Familie darstellten, nennen wir seine Frau Paula. Die Namen der übrigen handelnden Personen sind so wichtig nicht, dass wir sie erwähnen müssten. Paul also, ein stattliches Mannsbild Mitte Fünfzig, handwerklich ungemein bewandert, lebt mit seiner Frau und der einzigen Tochter Petra in seinem kleinen Erzgebirgshaus, das er von den Eltern ererbt hat. So bodenständig wie sein Heim ist seine Arbeit. Er lernte sein Handwerk in einer der kleinen Fabriken der Spielzeug- und Modellhersteller dieser Gegend und ist dort geblieben. Diese kleinen Firmen haben alles überlebt. Ihre Besitzer vererbten sie an ihre Söhne. Es kam eine Zeit, da mochte man von oben her keine Besitzer. Da wurden aus Besitzern Direktoren. Auch die vererbten an ihre Söhne, bis `die da oben` wieder wechselten und aus Direktoren wieder Besitzer wurden.

In der Zeit des jüngsten Wechsels spielt unsere Geschichte. Doch vorher wollen wir noch das Steckenpferd von Paul kennen lernen. Er fährt oder läuft sonntags durch sein Dorf, beguckt sich die Gärten und Häuser. Wochentags tut er dasselbe mit dem Haushalt seiner Frau. Und was zu Hause täglich am Abendbrottisch geschieht, geschieht am Dienstag zum Stammtisch: Er wertet aus. Schönherr, Walter möge endlich die Steine von seinem Hausbau von der Wiese lesen, wie sähe das denn aus? Dagegen wäre bei Haustein, Gerhard eine Ordnung, von der sich das ganze Dorf eine Scheibe abschneiden könne. Das wispert dann die folgende Woche durch die Häuser und zwei Dienstage später stellt er fest: Bei Schönherr, Walter habe sich einiges getan. So hat Paul alles im Griff, Frau, Arbeit, Dorf und auch seine Tochter Petra, sein ganzer Stolz. Doch da liegt sein Problem. – „Wenn meine Tochter Petra heiratet", so tönt er oft, „wird das die größte Hochzeit im Dorf." – Die Hochzeit seiner Tochter Petra wäre die Freude seines beginnenden Alters.

Petra arbeitet natürlich auch in der Firma ihres Vaters und baut dort ordentlich und fleißig Häuschen für die Modelleisenbahn zusammen. Vater hat alles im Blick, auch die jungen Burschen des Dorfes, die ein Auge auf Petra werfen wollen, es aber unter Pauls wachsamen

39

Blick bald lassen. Denn Petra geht mit Paul von der Fabrik nach Hause, beim Dorftanz muss sie frühzeitig zu Hause sein. Die Zügel ließ Paul erst locker, als Petra die Zwanzig überschritten hatte. Inzwischen war sie so gewohnt, als erste den Saal zu verlassen, dass sie das dann auch ohne Zwang tat. Kurz, Paul hatte sich eine so tugendsame Tochter geformt, dass sie noch nie nachts weg geblieben war, obwohl ihr das dritte Lebensjahrzehnt näher stand als die Zwanzig. Von so viel Wachsamkeit des Vaters, aber auch Folgsamkeit der Tochter abgeschreckt, sahen sich Verehrer nach anderen Objekten ihrer Begierden um. Langsam wuchs Petra in die Rolle der Ältesten auf dem Dorftanzsaal hinein. Eine Hochzeit schien nicht in Sicht. Dabei besaß Petra alle Voraussetzungen, einem jungen Mann Sehnsüchte zu erfüllen. Etwas größer als andere, saß alles an der rechten Stelle, ebenfalls ein wenig größer, so dass alle Proportionen stimmten. Stets trug sie ein schelmisches Lächeln im Gesicht, war für Scherze empfänglich und trug in jeder Gesellschaft zur guten Laune bei. Ihre mundartlich gefärbten Witze provozierten Lachen. Schöne braune Augen fesseln durch Lebendigkeit. Wenn sie den Kopf warf und die blonden Ponyhaare flogen, erweckte sie den Eindruck eines flinken Fohlens. Doch über scheues Händchen halten, flüchtige Küsschen und innige Umarmungen war Petra nicht hinaus gekommen. Zu groß saß in ihr die vom Vater eingeimpfte Angst, dass alle Männer nur `das Eine` wollen, und nur dafür sie sich zu schade sei. Und so blieb es ein nur Petra selbst bekanntes Geheimnis, ob sie noch Jungfrau sei, oder erlebte, wofür Gott die Männer geschaffen habe.

Einige Kilometer unterhalb jenes Erzgebirgsdorfes arbeitete Peter in einer ähnlichen Fabrik wie Petra. Es war nur alles ein wenig größer, die Fabrik, die Kreisstadt, Peters Lebens- und Freundeskreis. Wer Gebirge dieser Art kennt, weiß, dass zwischen Gebirgskamm und Kreisstadt Welten liegen können. Peter war das erste von fünf Geschwistern, Mitte zwanzig, schlank, aber mit einem Knackarsch, wie die Mädels sagten, die ihm nachblickten. Aber das focht Peter nicht an. In dieser Stadt besuchte er Kindergarten und Schule, machte die Lehre, war zu den Soldaten `gegangen worden` und zurückgekehrt in den Schoß der Familie und der Fabrik. Im Kindergarten hatte er eine kleine Freundin. Kurz bevor sie sich trennen mussten, weil Peter in die Schule kam, sie aber noch warten musste, heirateten sie unter großer Anteilnahme aller Kinder. Die Kindergärtnerinnen richteten eine schöne Kinderhochzeit aus. Die Brautleute schworen sich ewige Treue, tauschten die Ringe. Das Küssen beschränkten sie auf das Notwendigste, es war ihnen so nass, fast eklig. Als Peter wegging, flossen die Tränen seiner Angetrauten. Peter schluckte tapfer, ein Mann heult ja nicht. Doch sie waren nicht aus der Welt, ein Jahr später sahen sie sich wieder jeden Tag. Als andere Pubertierende noch wisperten, wer den mit wem `ginge`, stand das bei Peter außer Frage. Es stand immer außer

Frage bis zu jenem Tag, als seine Eltern in der Früh das Zuschlagen der Wohnungstür, dann sogar der Haustür hörten. Erschreckt stand Peters Mutter auf und sah ihn apathisch in der Sofaecke sitzen. – „Sie ist weg!" – Schon seit Jahren hat Peters `Zukünftige` von Zeit zu Zeit in seinem Bett übernachtet. So auch jetzt. Sie hatten sich schon oft gestritten und oft versöhnt. Aber so Knall und Fall davongelaufen, das hat es noch nie gegeben. – „Sie kommt nicht wieder", antwortete er auf alle Tröstungsversuche seiner Eltern. Zu einer Erklärung ließ er sich nicht überreden. Er wusste: Selbst war er schuld mit seinem Selbstbewusstsein bis zur Rechthaberei. Das tat so weh. Dann redet man doch nicht noch darüber.

Peter musste weg aus der Gegend, wo ihn alles erinnerte. Es war eine Zeit des Wechsels. Oben im Gebirge wechselte nur der Direktor zum Besitzer. In der Stadt brachen große Betriebe weg. Als Peter im Betrieb davon sprach, empfahl ihm sein Meister den Zulieferer im Gebirge. Sein Abteilungsleiter griff zum Hörer und rief oben an. Ja, ja, sagte der am anderen Ende der Leitung, er könne sogar noch ein Zimmer vermitteln. So kam Peter in das Erzgebirgskammdorf und unsere Geschichte kann endlich beginnen.

Petra erfuhr von Peter natürlich viel früher als Peter von ihr. Sie stanzte gerade kleine Fenster aus dem Bahnhofsmodellhaus, welches neu in die Fertigung kam und ihre Aufmerksamkeit forderte, als die Freundin sie mit der Nachricht überraschte: „Du, da gibt es jetzt einen Neuen!" – Sie ließ die Maschine erst einmal leer laufen, abstellen hätte Paul bemerkt, so etwas mochte ihr Vater gar nicht. Die Freundin saß in der Verwaltung und schrieb alles, was es in dem kleinen Betrieb zu schreiben gab. Sie las, ganz dienstlich, Peters Lebenslauf. Als sie sein Foto näher betrachtete, beschloss sie, ihn mit Petra zu verkuppeln. Und so erfuhr Petra beim Hämmern der Stanzmaschine, wer da neu in ihren Lebenskreis treten sollte.

Peter war zufrieden mit seinem ersten Tag. Seine Wirtin wollte eine Pension eröffnen in ihrem Schieferhaus mit den vielen leeren Zimmern. Die Wende machte es möglich. Peter war ihr erster Gast, wurde bedient von vorn bis hinten. Im Betrieb lernte er Paul als seinen Meister kennen. Der kauzige Alte gefiel ihm. Peter liebte pedantische Fachleute, achtete sie als Vorbild im Beruf. Zum Feierabend sah er ihn mit einer großen Blonden die Fabrik verlassen. Nur von hinten, er rätselte: Frau, Freundin, Tochter? Da flogen die Ponyhaare herum, ein neugieriger Blick traf ihn – zwei Möglichkeiten fielen weg. Das Mädchen von der Verwaltung schloss die Tür ab. Sie beobachtete Peters Blick, machte sich ihren Reim und setzte drauf: „Ist des alten Paul Tochter, heißt Petra. Ich sage es dir lieber gleich. Hier sollte man alle schnell kennen. Die nehmen sonst übel. Übrigens, wir Jungen sagen alle du zueinander. Bei den Alten warte, bis sie es wollen. Das geht aber sehr schnell. Tschüss!" – Na prima, dachte Peter, so werden Kontakte leichter. Es wird sich doch ein Mädchen finden, ihn zu trösten. Denn es tat noch sehr weh, wenn er daran dachte. Und dieses stattliche Fohlen könnte ihn über den Trennungsschmerz helfen. Sah ja nicht übel aus mit ihrem federnden Gang. Ganz deutlich sah er: Dort liefen Vater und Tochter. Eindeutig.

Der Zufall, besser, Petras Freundin aus der Verwaltung wollte es so, dass Peter mehrmals am Tage an Petras Arbeitsplatz vorbei gehen musste. Petra fiel natürlich sein Knackarsch auf. Da war auch noch ein spitzbübisches Lächeln, das immer dann in sein Gesicht trat, wenn sein Blick auf sie fiel. Doch glaubte er sich unbeobachtet, wirkte er schwermütig. Der Widerspruch reizte sie. Da war noch etwas zu erforschen, ein süßes, bitteres Geheimnis vielleicht?

Peter fand seinen täglichen Arbeitsweg schön. Er verließ das Haus seiner Wirtin durch den Hintereingang und stand im Wald. Ein steiler Fußweg führte ihn zehn Minuten durch hohe Fichten hinauf zum Bergkamm. Dann lief er oben zwei Minuten quer über eine Schafweide, traf auf die Zufahrtsstraße und stand vor dem Fabriktor. Gleich drauf sah er Petra. Schon zum Frühstück tauschten sie die ersten Witze. Meist begann sie. Die wenigen anderen Mädchen befanden sich `in festen Händen`, Petra, die älteste, blieb übrig. Das war kein Mangel. Sie besaß alles, was ihm fehlte. Es wäre schön, mit ihr vergessen zu können.

Doch – wie anstellen? Hier gab es kein Kino, kein Cafe, nur eine Kneipe, Dorftanz alle zwei Monate und einen Vater, mit dem sie täglich heimging. Dafür gab es reichlich Wald, steinige, steile Wege, Schaf- und Rinderweiden und Felder. Ganz langsam formte sich eine Idee.

Petra sah sein spitzbübisches Gesicht schon an der Tür, konnte aber nicht aufsehen, das Werkstück klemmte. Er wartete vor ihr. Dann schaute sie hoch. Ehe sie etwas sagen konnte, sprach er: „Ich habe heute etwas ganz besonderes für dich." – Er schaute lustig wie immer, doch seine Stimme vibrierte ein wenig – sie beschloss, keinen Witz zu machen – wartete. Einen Stock zog er hinter dem Rücken hervor, einen naturgewachsenen Knotenstock mit einem Knauf für die Hand zum Fassen, nur wenig mit dem Messer nachgebessert, sogar drei Stocknägel daran – solch eine Art Wanderstock sah sie noch nicht. – „Schenke ich dir." – „Oh, danke. Wie komme ich zu der Ehre?" – „Ich habe mir gedacht, du könntest ihn brauchen, wenn wir am Sonntag zusammen wandern gehen. Du zeigst mir die Gegend, du kennst dich doch hier aus." – Zieren oder gleich ja sagen, schoss es Petra durch den Kopf.

Ach was, geziert hatte sie sich oft genug. Für Zieren hat der auch schon Reden parat. Aber bei einem Ja ist er verblüfft. Sie sah ihm voll in die Augen. „Wann und wo treffen wir uns?" – Ihm blieb die Luft weg. So einfach sagt sie ja? Doch ihre Augen schauten ernst. Sie macht keinen Scherz. Heiß flammte es in sein Gesicht. – „Den Stock musst du mir aber aufheben." – Er stutzte. – „Mein Vater würde fragen, wenn ich ihn heute mit nach Hause nehme. Und er muss nicht alles wissen, oder?" – Jetzt konnten sie wieder miteinander lachen. Beide dachten an den alten Paul und fühlten sich als spitzbübisch Verschworene.

Ein Hochsommertag am Erzgebirgskamm ist selten über 20° warm. Auch bei Sonnenschein weht ein Lüftchen, ideales Wanderwetter. So auch an diesem Sonntag, da sich Petra und Peter trafen zu ihrem ersten gemeinsamen Waldspaziergang. Mit zwei Wanderstöcken versehen, denn er hatte natürlich auch für sich ein solches Utensil, stieg Peter den steilen Weg empor. Am Fabriktor wollten sie sich treffen. Sonntags kommt hier kein Mensch vorbei. An den Pfeiler gelehnt, blinzelte er in die Sonne, war ganz sicher, dass sie käme und wunderte sich darüber am meisten. Wenig später wedelte sie in einem Dirndlkleid mit federnden Schritten auf ihn zu. Kurz dachte er: Gut Holz vor der Hütt`, dann nahmen ihre Augen ihn gefangen. Sie strahlte ihn an, dass ihm ganz schwindlig wurde. Er wusste nicht, dass Petra ebenso empfand. Erst zwei Spaziergänge später erzählten sie sich gegenseitig, wie sie ihre erste Begegnung erlebten. Doch soweit sind wir noch nicht.

Sie lehnte ihre Wange flüchtig an die seine. Er griff nach ihren Hüften. Sie genoss seine Nähe, doch festhalten, ließ sie sich nicht. Er gab ihr den Wanderstock, legte es darauf an, ihre Hand lange zu berühren. Sie duldete es. Unterwegs flachsten sie nicht. Das heben sie sich für die Fabrik auf. Sie sprachen über die Landschaft, blieben stehen, sie zeigte einen Berg, dort habe sie als Kind gespielt. Er trat hinter sie, umfasste ihre Schultern, küsste ihren Hals. Sie hörte auf zu reden, genoss ihre Gänsehaut und lehnte den Kopf zurück, schloss die Augen. Er knabberte an ihrem Ohrläppchen. Sie drehte sich. Er strich mit seinen Lippen über ihr Gesicht, fand ihren Mund, löste sich erst nach langer Zeit. Aufatmend schauten sie sich an und prägten sich jedes Grübchen ein. Dann riss es sie wieder zusammen. Das ging so mehrfach. Bis Petra schließlich sagte, dass sie auf diese Weise nie zu einem Mittagessen kämen und allein vom Küssen werde man nicht satt. Sie griffen sich wieder ihre Wanderstöcke, führten sie außen, denn innen mussten sie sich jetzt eng berühren, erzählten sich wenig, blieben öfter stehen. Erst als sie lange nach Mittag das Gasthaus sahen, liefen sie wie zwei brave Wandersleute zur Eingangstür.

„Kennt dich der Wirt?", fragte Peter. Petra schüttelte den Kopf. „Ich habe einen Weg ausgesucht, dass nicht das halbe Dorf von unserem Ausflug weis." – Sie einigten sich, dass für andere alles bleiben müsse wie bisher. – „Schon meines Vaters wegen", sagte Petra. Sie dachte für sich: Das soll er mir nicht kaputt machen, wie er früher oft getan hat.

Am Nachmittag entdeckte er einen Anstand an ihrem Weg. Flink stieg er hoch. – „Komm, das musst du sehen!" – „Kenne ich doch!" – „Dann erkläre es mir!" – Sehr bedächtig, ihr Kleid nicht zu beschädigen, stieg sie ihm nach. – Er wollte nichts erklärt haben, wollte kuscheln. Sie genoss das Gemisch aus Furchtsamkeit vom leichten Schwanken des Hochsitzes, seine Nähe, seinen fassenden, streichelnden Händen, seinen Küssen und den Duft seiner Haut. Sie blickte ihn immer wieder an, in seinen Augen zu lesen. Kann sie ihm trauen? Sie wünschte es sehr.

Er entzog sich ihr, der Hochsitz schwankte, schnell stieg er hinab, stand unten und grinste breit. – „Du Schuft! Willst mir unter den Rock gucken!" – „Nur zipfelweise ein Geheimnis lüften. Ist das so schlimm?" – „Ich komme nicht runter." – „Du musst runter. Warum ziehst du so ein Kleid an? Das verlockt geradezu." – „Weil das Dirndl zum Knotenstock passt. Deinetwegen zog ich es an." – „Dann komme auch meinetwegen runter. Was ist dabei?" – So frotzelten sie. Dann kletterte er noch einmal hoch. Sie schmusten noch ein Weilchen. Sie erklärte die Gegend. Dann stieg sie vor ihm herab.

Weit genug weg vom Dorf trennten sie sich. Er summte zum Abschied: „Kein Feuer, keine Kohle kann brennen so heiß, als heimliche Liebe, von der niemand nichts weiß..." – Eine Woche Abstinenz bei täglichen Sehen – aber sie haben heute auf Vorrat geküsst. Und ihre Verschwörung band sie fester. Nicht nur Paul, das ganze Dorf sollte nichts von ihnen erfahren. Bis sie es selber so wollten.

Im Erzgebirgshaus fragte Paul mittags, wo denn Petra sei. – „Nun lass doch das Mädel", sagte Paula begütigend. „Muss sie denn immer sagen, was sie tut?" – Am Abend wunderte sich Paul über einen knotigen Wanderstock, den seine gut gelaunte Tochter in ihre Kammer stellte.

Beim nächsten ihrer Sonntagswanderungen erzählte er, wie er vor dem großen Holzstapel seiner Wirtin auf die Idee mit dem Wanderstock gekommen ist. Lang suchte er. – Die Wirtin lachte, vermutete sofort eine Frau im Spiel, als sie seinen Eifer sah. Sie sage nichts, es muss nicht im Dorf geklatscht werden. Als Pensionswirtin sei Diskretion Ehrensache. Immer, fügte sie bedeutungsschwer hinzu.

Am Nachmittag erzählten sie sich ihr Vorleben. Petra erfuhr den Grund seiner Schwermut der ersten Tage. Sie fragte nicht nach, begnügte sich mit seinen Worten. Schwermut sah sie nicht mehr, seit sie ihren Knotenstock in ihre Kammer gestellt hat. Und fand, er verdiene es und sie sei alt genug, nicht mehr lange zu warten, ihm ihr Geheimnis anzuvertrauen.

Als Peter wieder am Pfeiler des Fabriktores lehnte und Petra auf ihn zu kam, bemerkte er ihren veränderten Blick. Er glaubte, alle ihre Ausdrücke zu kennen. Dieser aber war eine Spur geheimnisvoller, lockender dazu, ihm fehlte der Reim darauf. Sie küsste lange, schmiegte sich mehr an ihn und führte ihn ohne viel Worte zu einer kleinen Lichtung. Eine Blumenwiese prangte inmitten hoher Fichten. Einzelne Birken, etwas Unterholz raschelten am Rande knorriger Wurzeln. – „Komm", sagte Petra, setzte sich auf einen Moosballen und zog ihn mit seiner Hand herunter. Sie saßen nebeneinander und schwiegen. Sonnenstrahlen spielten durch die Wipfel, malten wechselnde Kringel und Kreise auf ihren Gesichtern. Er strich ihr über die Haare, streichelte ihre bloßen Arme, küsste zärtlich, küsste stürmisch. Sie kam ihm entgegen, immer wieder. Er formte ihre Brüste nach, sie drängte in seine Hände. Er fuhr unter ihre Bluse am Rücken. Sie hielt ganz still und seufzte kurz, als der letzte Haken klickte. Dann machte sie sich los, streifte ihre Bluse ab und zog seinen Mund auf den ihren. Lag auf dem Rücken unter ihm im Kuss versunken und spürte seine Hände auf ihrer bloßen Haut vom Hals bis zum Nabel, alles streichelnd, formend, nachzeichnend, genoss seine Lüsternheit, seine Langsamkeit. Und er lauschte ihren Regungen, erriet ihr Verlangen, hielt eigenes zurück. Diesen Schatz nicht verspielen, warnte sein Kopf und dies beherrschte ihn. Zart küsste er ihre sich hebenden Knospen, ihren Hals, den Mund und ihre Augen, ihr Gesicht. Sie schauerte, küsste mit geschlossenen Augen, was sie gerade traf und gab sich seinen Händen hin. Sie spürte und genoss die Brände, die seine Hände legten. Gegenseitig entkleideten sie sich voll Lust und Freude am Entdecken, bewunderten einander in ihrer Nacktheit. Sie schloss die Augen. Er zwang sich zu warten, bis sie ihm ein Zeichen gäbe. Dann stöhnte sie auf voll Lust und Gier. Da drängte er in sie, sie drängte sich entgegen – und es brachen alle Dämme.

Ermattet lagen sie in der Wiese. Er wachte auf, weil er ihr Streicheln im Gesicht spürte. – „Ich habe doch nicht geschlafen?" – „Hast du, Liebster. Ganz kurz nur. Tief und fest." – Sie schauten sich an, konnten sich nicht satt sehen. Und streichelten sich wieder und küssten sich. Und streichelten sich wieder – und wieder.......

Von dieser Lichtung mit der Blumenwiese und einzelnen Birken am Rande hoher Fichten gingen sie am späten Nachmittag als Paar nach Hause. Nun sei ihre Geheimnistuerei nicht länger nötig. Nächsten Sonnabend war Dorftanz. Da wollen sie es zeigen. Bis dahin: „Kein Feuer, keine Kohle kann brennen so heiß..." – „Auf Wiedersehen, Liebster!" – „Schlaf gut und träume von mir, Liebste!" – Sie winkten noch lange.

Im Erzgebirgshaus unterm grauen Schieferdach grummelte Paul in der Küche. „Das gefällt mir nicht. Den dritten Sonntag schon sagt die Tochter nicht, wo sie hin geht." – Paula zog das Wischtuch durch die Gabelzähne. „Nun lass sie doch. Sie ist mit dem Wanderstock weg. Du wirst ihr doch das Wandern nicht vermiesen wollen." – „Ich weiß nicht. Da bahnt sich etwas an." – „Gib Ruhe! Hörst wieder mal das Gras wachsen." – Und wenn schon, dachte Paula, was geht es dich alten Zausel an.

Am nächsten Sonnabend strebten Peter und Petra aus verschiedenen Richtungen und zu verschiedenen Zeiten dem Dorfgasthaus zu. Er sollte sie regelrecht `anbaggern`, für sie beide ein Spiel, für das Dorf ihr Finden. Es klappte hinreichend gut. Nach ihrem zweiten Tanz tippte ihr die Freundin aus der Verwaltung auf die Schulter: „Hast du dich verknallt?" – Petra wurde sogar rot, hat sich der Blumenlichtung erinnert, die Freundin glaubte an ertappte Naivität. – „Dann kommt zu uns", und wies an einen Tisch. Dort saß schon ein Bursche, bei dem die Freundin `in festen Händen` war. – „Ob Peter mitkommt?" zweifelte Petra. – „Bei den Augen, die er dir macht, bekommst du keinen Korb." Ich muss doch dem späten Mädchen nachhelfen, dachte die Freundin, die vertrocknet mir sonst zur alten Jungfer. Sie schmuste besonders viel mit ihrem Freund, um das Kuppelpaar zu animieren. Dabei brauchten Peter und Petra keine Anschauung. Aber den Freund verwunderte und gefiel es, war ihre Beziehung doch schon in ruhigere Bahnen geglitten. – Der Freund staunte über die erblühte Petra. Was machte dieser Fremde aus dem Mauerblümchen? Das ist ja auf einmal begehrenswert! Er begann, auch mit Petra zu flirten. Zeitweise schien er zu vergessen, mit wem er hergekommen war. – Aber das wollte Petra nicht. „Wir gehen", sprach sie zu Peter. – „Du bleibst die Alte", sprach der Freund. „Immer die Erste, die nach Hause geht. Wartet Papa schon hinter der Tür?" – Petra hörte seinen Neid auf Peter. Oh, wie ihr das gefiel! Sie schaute ihn an, der mit verkniffenen Augen den Anderen musterte. Ach, wie schön, zwei Männer begehrten sie gleichzeitig! Doch sie musste nicht mehr entscheiden. – „Schlagt euch nicht die Köppe ein, du gehst jetzt mit mire heim", tippte sie auf Peter und zog ihn lachend davon.

Der Wecker zeigte auf dem Nachttisch gegen zwei. Paul fragte sich, ob er das Kommen seiner Tochter überhört habe. Er hat sie immer die Haustür schließen und ihre tapsenden Schritte die schmale Treppe hoch gehen hören. – „Wo willst du denn hin?", regte sich Paula schlaftrunken. – „Ich gehe Petra suchen." – Paula drehte sich wieder herum. Sie hörte: Er ist jetzt auf der Dickkopftour. Nichts und niemand konnte ihn jetzt abbringen zu tun, was er für richtig hielt. Sie dachte mit Grausen an den bevorstehenden Sonntag. So oder so wird sie einiges ertragen müssen. Dann hörte sie Paul das Auto starten.

Die Scheinwerfer rissen die erste Kurve aus dem Nachtdunkel. Paul haderte mit sich und der Welt, während er die Serpentinen nach oben fuhr, am meisten mit dieser neuen Zeit. Früher war ein Tanz um zwölf zu Ende, vielleicht auch einmal um eins. Jetzt schien ihm blanke Willkür zu regieren. Wie die Dinge standen, hoffte er, und Petra sei noch dort. Aber er glaubte nicht daran. Das Mädchen hat sich in den letzten Wochen verändert. Es entglitt seiner Kontrolle. Das mochte er gar nicht.

Paul zog einen Kreis vor dem hell erleuchteten Gasthaus und fand einen Parkplatz. Dann schloss er die Autotür und bahnte sich durch Grüppchen seinen Weg. – „Nanu, Paul", verwunderten sich einige. Doch dann wandten sie sich wieder ihren eigenen Dingen zu.

Bevor wir Paul auf seinem unangenehmen Weg weiter begleiten, muss einiges zu diesem Dorfvergnügen gesagt werden. Schließlich unterscheidet sich fast jedes Ereignis in einem Dorf am Erzgebirgskamm von einem gleichartigen wenige Kilometer tiefer. – Als Paul jung war, spielten noch echte Musikanten zum Tanz. Zu Zeiten seines Vaters kamen diese meist aus dem Böhmischen herüber. Die Grenze war damals für die Hiesigen nur eine Steuergrenze. Diesseits zahlten sie nach Dresden, jenseits nach Wien und ein bisschen Schmuggel gehörte dazu. So idyllisch ist es nicht geblieben. Aber zum Tanz traf sich noch immer fast das ganze Dorf. Das ist auch heute nicht viel anders, wo ein DJ, genannt Didschi, mit Bändern und Platten und Scheiben Musik und Lichteffekte dirigiert, eine bunte rotierende Kugel unter der Decke Lichtstrahlen durch den Saal wirft und mehr Rhythmus als Melodie durch den Raum hämmert, es sei denn, für die älteren Semester lässt der Didschi auch einmal einen Walzer oder Foxtrott klingen.

Bei Pauls Ankunft beherrschen die Fleißigsten den Saal: Die fleißigsten Tänzer, die ausdauerndsten Trinker, die wortgewaltigsten Stammtischbrüder. Mittendrin behielt der Kranzl, Josef als Wirt vom Ganzen hinter seiner Theke die Übersicht. Paul blickte sich am

Eingang um und steuerte auf die Theke zu. – „Hast du meine Tochter gesehen?" – „Ja", sagte der Wirt und stülpte flink seine Biergläser über die Bürsten. „Ist aber schon lange her." Er nahm seine Gläser aus der Spüle, stellte sie am Zapfhahn bereit. Der Kellner kam, bestellte zwanzig Bier, nahm ein vorbereitetes Tablett. – Paul hatte sich umgesehen, wandte sich wieder an den Wirt. „Hast du... ?" – „Hör mal, Paul, ich habe zu tun. Heirate deine Tochter selber, dann hast du kein Problem mehr." Der Wirt ging in die Küche. – Paul stand mit seiner aufsteigenden Wut allein. Er entdeckte Stammtischbrüder. Vielleicht wussten die... ? – „Petra suchst du?" Sie grinsten sich zu. „Habe ich juchzen gehört, so vor einer halben Stunde im Hof hinter den Büschen. Nun lass ihr doch den Spaß!" – Paul kochte und begriff: Mit diesen halb besoffenen Kerlen konnte er nichts anfangen. Sein Blick fiel auf das Mädchen aus der Verwaltung und ihren Freund. Die konnten etwas wissen. Aber das Mädchen schüttelte den Kopf. Es schien ihm nicht ehrlich. Der Freund brummelte etwas. In den lauten Synkopen verstand er den Namen `Peter`. Das Mädchen schaute ihn missbilligend an. Paul las ein wenig Schadenfreude in des Freundes Gesicht. Das war ihm gleichgültig. Ein Verdacht keimte.

Er verließ das Dorfgasthaus und startete das Auto. Wenn sie bei Peter in der Pension von Wally war, ja, was dann eigentlich? Egal, er brauchte Gewissheit.

Dann stand er vor Wallys großem Schieferhaus und schaute zu den Fenstern empor. Hinter einem musste seine Tochter sein mit diesem Peter aus der Stadt. Dorftanzflirt und gleich ins Bett miteinander? Gewissheit musste er haben, hatte doch Angst um seine große, einzige Tochter! Wo die Zeiten so unruhig werden und man so viel liest von Mord und Vergewaltigung. Er drückte Sturm auf Wallys Klingel. Endlich öffnete sich ihr Fenster. – „Wally, ich bin es, Paul. Ich muss wissen, ob meine Tochter bei dir ist, bei dem Peter aus der Stadt. Lass mich rein!" – „Du bist wohl von allen guten Geistern verlassen? Ich habe eine Pension. Du machst mir keine Razzia!" – „Weist du genau, dass sie nicht hier ist? Oder schau selber nach!" – Was Wally jetzt auf seinen Kopf herunter prasseln ließ, kann nicht gedruckt werden. Dann schlug sie ihr Fenster zu.

Dann komm ich mit dem Arm des Gesetzes. Paul fuhr zu Steffen, den Dorfpolizisten.

Auch wenn ein solches Kammdorf nicht groß ist, es kann sehr langgezogen sein. Es wurde schon sachte hell, als Paul bei Steffen klingelte. – Von Amts wegen verpflichtet, Paul anzuhören, schüttelte er nur mit dem Kopf. „Keine Gefahr im Verzug, Paul. Da kann ich nichts tun." Gern hätte er wie Wally gesprochen. – Aber Paul bestand auf seinem Recht als

Bürger. – Der Dorfpolizist dachte an Beschwerden über die Vernachlässigung von Bürgerängsten. Er wusste Rat. „Gib eine Vermisstenanzeige auf. Komm am Montag zur Sprechzeit." – Aber damit befriedigte er Paul nicht. Wenn es schon nicht anders gehe, dann hier und jetzt. – Der Not gehorchend, nahm der Dorfpolizist im Morgenmantel die Vermisstenanzeige auf.

Im beginnenden Licht fuhr Paul nach Hause. Sein erster Weg führte ihn in Petras Kammer. Petra war nicht da. Nur der knotige Wanderstock schien ihm höhnisch zu grinsen.

Am Tag begann es zu wispern im Dorf. „Paul hat eine Vermisstenanzeige aufgegeben." - „Paul? Nach wem den?" – „Nach seiner Tochter Petra." – „Wieso?" – „Die war eine Nacht nicht zu Hause." – Wer es erfuhr, lachte: lauthals, hämisch oder amüsiert. Und erzählte es weiter. Nichts geht über einen Dorfklatsch.

Mahlzeiten waren bei Paul und Paula ein Ritual, e fanden immer zu festgelegten Zeiten in der Wohnküche statt. An diesem Sonntag fehlte eine Person zum Frühstück. Das allein wäre für Paul schon Grund gewesen, sich über mangelnde Ordnung zu beklagen. Ihr heutiges Fehlen ließen ihn ununterbrochen schimpfen. Was nur in die Tochter gefahren sei? Die sich von einem Kerl aus der Stadt beim Dorftanz `abschleppen` ließ und auch gleich mit ihm ins Bett stieg! Verkommene Welt und verkommene neue Zeit! Das hätte doch Petra früher nie getan! Nun werde das ganze Dorf über Petra herziehen, und natürlich auch über sie alle als Familie.

Paula saß ergeben daneben, warf ein Wort in seinem Sinn dazu, wenn er es von ihr erwartete. Doch ihre Aufregung hielt sich in Grenzen. Irgendwann musste das einmal so kommen. Nun war es halt geschehen.

Als sie aufstand, das Brot wieder in den Brotkasten zu legen, klappte die Haustür. Auch Paul hörte es und unterbrach seine Tirade. Unzweifelhaft, sie hörten die Schritte ihrer Tochter. – Die Tür öffnete sich, und eine strahlende Petra stand vor ihnen. „Morgen, Mama, Morgen Papa." – „Du traust dich heim...", wollte Paul beginnen, doch Petra fiel sofort in seine Rede. „Ja, ich traue mich. Ich traue mich noch viel mehr. Das wird jetzt öfter geschehen." – Paul fuhr auf. Aber weder Petra noch Paula hörten auf seine Worte. Petra wartete nur, dass er Luft holen musste. „Damit es gleich einen Aufwasch gibt: Ich habe jemand mitgebracht, der für meine Sicherheit sorgte und das auch noch öfter tun wird." – Die Tür öffnete sich, ein etwas verwirrter Peter stand im Rahmen, den Knotenstock in der Hand. – Paul stand erst sprachlos.

Das ist in den letzten zehn Jahren nach Paulas Wissen nicht passiert. Dann konnte er nur fragen, wie Peter zu Petras Knotenstock komme, ob er schon in Petras Kammer gewesen sei. – „Das ist seiner, Papa, von ihm ist auch meiner. Und nun denke erst, ehe du weiter schimpfst."

Paula fiel ein: „Ihr werdet Hunger haben. Setzt euch und esst!" – Zögernd schaute Peter auf Petra, sie wies ihm einen Platz zu. Paul setzte sich widerstrebend. Bei diesem, aus aktuellem Anlass völlig die Gewohnheiten im Erzgebirgshaus umstoßendem Frühstück, kamen noch einige Dinge auf den Tisch, die Paul nur `abzunicken` hatte. Das kam ihm bitter an. Denn eigentlich sollte es ihn freuen, dass jetzt alles zügig gehen werde: Die Verlobung zu Weihnachten, die Hochzeit nach Ostern. Nun würde er doch wahr, sein sehnlichster Wunsch: Meine Tochter Petra heiratet. Aber freuen konnte er sich nicht. Es steckte noch viel zu viel in seinen Knochen: Die Angst, die Suche, das kommende Gespött des Dorfes, und dass seine Petra so plötzlich über Nacht erwachsen, Frau geworden war.

Doch sein Wort wollte er halten: Es solle die größte Hochzeit werden, die das Dorf gesehen habe. Das war er allen schuldig, zu allererst sich selbst.

4. Wismutschatten

Gustl – ich komme!

Inmitten von Kumpeln saß Gerhard im holpernden Sattelauflieger. Ein Wismutbus war ein seltsames Gefährt. Im Krieg hatte er als Laster Munition transportiert. Jetzt saßen Wismutkumpel auf vier längs eingebauten Holzbänken. Sackte eine Seite in die Fahrrille, wurden die Kumpel auf ihre gegenübersitzenden Kameraden geworfen. Diese grünen, verbeulten Blechautos kamen immer und fast pünktlich an. Mehr verlangte niemand in dieser wilden Zeit.

Gerhard freute sich, von Freiberg nach Annaberg durchfahren zu können. Der Bus fuhr viele Schächte an, die Kumpel dorthin zu karren – dennoch wird er eher als mit dem Bummelzug zu Hause sein. Eine Nacht später zu Gustl – nein, lieber vom Bus durchschütteln lassen.

Ein Schlagloch, Gerhard stand unfreiwillig auf und stemmte abwehrend die Hände auf die Schultern seines Gegenüber. – „Na, na, du junger Eleve! Willst du einen alten Hauer küssen?" – Gerhard saß wieder. „Nee! Dafür kenne ich jemand anderes!" – Die Kumpel schmunzelten. „Lernst' Markscheider?", fragte einer. – Gerhard nickte. – „Mach'ste richtig. Die Wismut ist die einzige Stelle in der ganzen Zone, wo du Geld verdienst. Brauchst nicht bohren und machst dir die Lunge zur Sau. Sie wollen jetzt, dass wir nass bohren. Bei euch auch?"

„Hab neulich meinen Steiger aus dem Streb gedrückt", hörte Gerhard. „Der redet mir nie wieder rein." – „Mir soll auch keiner mehr was sagen. In diesem verdammten Krieg hätte ich zehnmal sterben können. Ich mache mit meinem Leben, was ich will. Basta!" – „Wir holen ihnen das Atom aus der Erde. Kann ihnen egal sein, wie wir das machen." – „Damit sie die Bombe bauen können." – „Ach, die Bombe. Der Krieg ist die Mutter aller Erfindungen. Das war und bleibt so. Aber das Atom ist doch nicht nur Bombe. Der junge Kerl hier wird sehen: In den achtziger Jahren gibt es Atomkraftwerke, brauchen wir keine Steinkohle mehr. Atomloks schleppen auf breiten Schienen riesenlange Züge. Vielleicht fliegen auch Flugzeuge damit. Und wir können sagen: Wir waren die Pioniere! Wie die im Wilden Westen!" – „Komm runter, Kumpel! Erst drückst du deinen Steiger aus dem Streb, jetzt willst du Vorkämpfer der Menschheit sein. Sauf einen, ist reeller!" Blick durchs Fenster. „Wir sind da. Saufen erst nach der Schicht! Glückauf!"

51

Der Bus hielt. Alle Kumpel rückten durch und kletterten die beiden Holztreppen an der Rückseite herunter. Andere Kumpel keilten Gerhard wieder ein.

Auf dem Annaberger Marktplatz holte ihn der Busfahrer in die Kabine. An der Haldenstraße entließ er ihn, bog ab zum „Russenviertel". Das war allen Leuten ein Dorn im Auge. Mit Postenhäuschen und grünem, hölzernen Straßentor versperrte es den Weg zum Bahnhof. Von den Annabergern, die dort ausziehen mussten, redete niemand mehr.

Die letzten Meter in der warmen Kabine des Fahrers ließen Gerhard die Herbstkälte doppelt spüren. Es roch nach Schnee. Hier kam der Winter früh. Im Sommer gab es warme Tage, aber spätestens abends gegen fünf kühlte es ab. Trotzdem – wenn er die fernen Bergketten sah, die vielen Blauschattierungen der Fichtenwälder, wie sie ins Grün wechselten je nach Sonneneinfall und Wolkenstand – das war schön, kannte er nicht aus der Leipziger Tieflandsbucht. Schön war es auch, durch den Pöhlbergwald zu gehen, an den Felsen der „Butterfässer" vorbei, den zerzausten Vogelbeerbäumen, die sich nie entschieden: Busch bleiben oder zum Baum wachsen? Gerhard fühlte sich heimisch werden in dieser groben Kumpelgemeinschaft, die schuftete und soff, wo Glücksritter unter Tage ihr Leben riskierten, und auf dem Arschleder Erzrutschen hinunter schlitterten, nur um schneller an den Fahrkorb zu kommen. Er begann, das Erzgebirge zu lieben, das seit Jahrhunderten nach Wald und Bergbau roch. Es stimmte die Menschen freundlich, selbst die rauen Wismutkumpel.

Und da war noch Gustl. Sie werden abends Boogie-Woogie tanzen, er wird sie heimbringen durch den Wald zu einem der kleinen, schiefergedeckten Häuser in der Pöhlbergsiedlung. Nur Mutter musste er noch überwinden. Das wird ein hartes Stück Arbeit werden.

Gerhard stieg die Treppen hoch zur Bodenkammer. Bald wird Mutter zetern – wenn er sagt, er geht zu Gustl. Er räumte die Kluft in den Spind und nahm ein gutes Hemd heraus.

Sie ist zu dumm für dich. – Ja, sie hat nur die sechste Klasse, wie so viele Flüchtlingskinder.

Sie ist liederlich, zieht sich liederlich an. – Die Mode ist so. Du willst es nur nicht sehen.

Sie hat dich bestohlen. – Ich sagte ihr: Nimm meine Brieftasche und bezahle die Torte. Warum, Mutter, willst du mir nicht glauben?

Gerhard rückte den Schlips gerade, betrachtete sein Spiegelbild und fand sich passabel. Er sah sich prüfend um. Ein Bett, ein Nachttisch, ein Kleiderschrank, für einen Stuhl reichte der Platz nicht mehr. Decken verhüllten die Latten der Trennwand – eine Eishöhle im Winter, eine Sonnenhölle im Sommer. Schlimm, wenn er hier tags schlafen sollte, weil seine Schicht es so verlangte. Nichts lag herum. Er warf die leichte Tür zu, dass die Lattenroste federten, und stieg die knarrenden Holzstufen herab.

Als er die Wohnungstür schloss, trat Mutter aus der Küche. „Willst du zu Gustl?" – Gerhard nickte. – „Ja, geh nur. Vater kann heute niemand brauchen." – Nanu? „Ist was passiert? Ein Unglück?" – „Nein. Sie haben ihn rausgeschmissen. Fristlos gekündigt." Mutter lehnte am Türrahmen, sah zu Boden und atmete schwer. – „Aber warum? Vater war doch gut!"

Sie nahm ein Taschentuch und tupfte Tränen aus dem Gesicht. „Neue Leute sind in der Wismutleitung. Sie ist nicht mehr rein russisch, heißt jetzt Sowjetisch-Deutsche-Aktien-Gesellschaft. Die neuen, deutschen Herren wollen keine unzuverlässigen Leute, sagen sie. Alle Nazis müssen gehen."

Vater und Nazi – ein Witz, wäre es nicht so traurig! Als Nazi holten ihn Russen zur Wismut. Überraschend wurde er mit Leib und Seele Bergmann. Als Nazi muss er bei Deutschen wieder gehen. Den Menschen hinter dem Papier schauen sie sich nicht an. Sie haben die Macht! Oh, wenn sie was von ihm wollen, sie sollen ihn kennen lernen, ihn, den Gerhard! So mit Vater umzuspringen!

„Was wird nun, Mutter?" – Zum ersten Mal sah Gerhard Mutter hilflos. Dünn stand sie vor ihm, schwach, die grauen Augen stumpf. – „Was soll werden? Wir müssen uns Arbeit suchen. Aber viele sind entlassen worden. Was gibt es hier anderes als Wismut? Wir konnten Geld sparen. Doch wie lange muss es reichen?" – Plötzlich straffte sie sich. „Ich will nicht klagen. Wir waren krank, wir haben gehungert. Jetzt sind wir gesund, sind satt, wir schaffen das. Sag Guten Tag. Dann lass Vater! Wasch dich, ehe du gehst. Komm nicht zu spät!"

So kannte er Mutter. Ein dünnes Blatt, gebeutelt vom Wind, hielt sie fest am schwankenden Ast, fing sich und saß wieder als Glucke auf ihrer Brut: „... wasch dich, komm nicht zu spät ..." Beinahe hätte er protestiert, dass er schon lange volljährig sei.

Er trat in die Küche, sah Vater auf dem Sofa. Mit angewinkelten Beinen lag der kleine Mann seitlich, die Augen zur Wand gekehrt, ein leichtes Schluchzen schüttelte ihn. Er wendete den Kopf. Gerhard sah in rote, trockene Augen. „Vater, du bist doch nicht schuld! Warst immer ein guter Steiger. Selbst in Freiberg kennt man dich." – „Was nützt es? Russen haben mich geholt. Deutsche schmeißen mich raus." Er sah seinen großen Sohn an, den Ilse in die Ehe brachte. Stolz regte sich in ihm, ließ ihn den Augenblick vergessen. „Du hast dich fein gemacht. Geh, lass dir nicht den Spaß verderben."

Gerhard beugte sich herab, drückte seinen Kopf ganz eng an Vaters Wange, umarmte ihn. – „Ist gut, Gerhard. Viel Spaß! Nun geh schon!"

Im Flur stürzte Bernd auf ihn zu. „Gerhard, ich soll im Schlafzimmer bleiben, bis es Vati besser geht. Aber ich muss dir doch Guten Tag sagen!" – „Darfst du, Kleiner, darfst du." – „Sag mal, du hast einen Fußball gegen eine Mandoline getauscht, stimmt das?" – Oh, Gott! Die Sorgen eines Elfjährigen! „Ja." – „Wie kannst du einen Fußball weggeben, einen Fußball?" – „Später. Jetzt muss ich mich waschen. Lass die Eltern in Ruhe." – „Ja, schlimm mit Vati und dem Schacht. Aber Vati macht das schon." – „Sicher. Wir haben starke Eltern, nicht wahr?"

Bernd ging zurück in die Schlafstube. Er kramte in alten Kartons und fand seine alte Holzlokomotive. Mit ihren Rädern drückte er früher Schienen in den Erdboden, fuhr auf ihnen entlang, rangierte, pfiff und kuppelte die Hänger an. Das ging hier nicht. Seiner Würde war nicht angemessen, was er tat. Beschäftigen soll er sich, sagte Mutti. Ein Lokführer muss auch eine alte Lok fahren. Lokführer ist er eines Tages ganz bestimmt. Oder lieber Staatspräsident? Der Wilhelm Pieck lief durchs Kinderferienlager und schüttelte Hände. Die Großen drängelten sich alle vor. So umjubelt – da wäre er gern Staatspräsident! Der Wilhelm Pieck ist ein freundlicher Opa. Bernd hätte gern einen Opa. Der müsste sein wie Wilhelm Pieck. Also wird er Staatspräsident. Beschlossen. Oder doch lieber Lokführer? Ach was, er hat ja noch Zeit.

Gerhard verließ das Haus. Kalter Wind ließ ihn frösteln, er bedauerte seine Größe. Sie half ihm viel. „Hat Schlag bei den Weibern", sprachen neidisch die Kumpel. Sie sahen nicht, er tat auch etwas dafür, wusch sich nach der Schicht gründlicher, verschmähte die Hilfsmittel der Frisöre nicht. Bei Gustl verfing das. Seine Kumpel gaben sich stolz, rau, „Kerle" zu sein. Doch er gewann sich Gustl, die alle begehrten.

Endlich stand er vor ihrem Gartentor. Ein wenig aufgeregt drückte er die Klingel.

In der Tür erschien ein schlankes Mädchen. Freudig wieselte sie die Stufen herunter. Stolz betrachtete er ihre blonden Locken, sah in ihre blauen Augen über einer kleinen Nase zwischen starken Wangenknochen. Sie hatte ihm erklärt: Von der Nase nach oben bin ich Schwedin, nach unten Polin oder Russin, geredet habe ich immer Deutsch, gelebt im Memelland, geboren als Litauerin, wir sprachen von uns als Balten. Aber wer kennt hier Balten? Hitler holte uns „heim ins Reich", und Ende vierundvierzig flüchtete Mutter im Treck. Die zwei Alten nahmen uns auf. Mutter starb im Hungerwinter siebenundvierzig, mein Vater ist vermisst. Die beiden Alten behandeln mich wie ihre Tochter. Ich habe es gut getroffen.

Ganz schnell ging das Gerhard durch den Kopf, während sie in einem warmen Baumwollkleid zu ihm lief. Sie umarmte und küsste ihn. Ihm blieb die Luft weg. „Dass du schon da bist! Komm rein!"

Die beiden Alten saßen auf einem Schwatz beim Nachbarn. Gustl zog sich um. Er saß allein auf der Ofenbank in der „guten Stube" und erinnerte sich.

In diesem Wohnzimmer haben sich die Alten und seine Eltern beschnuppert, da es doch zwischen ihnen „'was Festes" schien. Mutters missbilligende Blicke glitten über die vielen bestickten und mit Spitzen geklöppelten Kissen, auf die geschnitzten Bergleute, Lichterengel, die fünfstöckige „Peremett", wie die Einheimischen die Weihnachtspyramide nannten, die hier immer zur Wohnung gehört. – Diese „Erzgebirgstümelei" gefiel ihr nicht. – Sein Vater fühlte sich wohl. Die Männer sprachen über den Schacht. – Gerhard lenkte, dass seine Eltern zum Kaffee blieben. Heimlich schickte er den Nachbarsjungen zum Bäcker, half in der Küche, der künftigen Schwiegermutter zu gefallen. Gustls Blicke kündeten, dass seine Eltern angenommen seien. Er selber war sich seines Teiles nicht sicher.

Auf dem Heimweg nörgelte Mutter. Das Mädchen könne gar nicht ordentlich sein, kein Stil, überall Unordnung. Das Schlimmste: Gustl beklaut ihn. Das entschuldigt Gerhard auch noch. Sie hat aber gesehen, wie Gustl die Brieftasche aus seiner Jacke nahm. Sind die beiden Alten auch nett, sie strebe Besseres an. Bei ihren Versicherungsgängen hat sie genug gesehen. Gerhard wird hier nie das richtige Mädchen finden.

Vater versuchte zu vermitteln. Hier im Gebirge leben die Leute nach anderen Regeln, das müsse sie doch verstehen. – Er kam schlecht an. – Ordnung sei ein Allgemeinprinzip. Außer bei Obersteigers fand sie hier nirgends Ordnung. Aber Obersteigers sind Schlesier. Lieber heute als morgen wolle sie zurück nach Leipzig. Dieses kalte Nest!

Es gab keine Gegeneinladung, aber Mutters ständiges Nörgeln. Mutter war immer zielstrebig und ausdauernd. Er bewunderte das – früher. Jetzt erlitt er das.

Gustl trat ins Wohnzimmer. „Gefalle ich dir?" Sie drehte sich vor ihm. Ein roter Rock schwang über den Hüften. Im breiten Gummigürtel mit silberner Schnalle steckte eine kurzärmelige Bluse mit spitzem Ausschnitt. Am hohen Hals keinen Schmuck, warum auch? Ihre strahlenden Augen waren Blickfang genug.

Er war stolz. Da flogen blonde Locken, ihre Augen glitzerten ihn an über einer schmalen Taille und rot schimmernden Hüften – Herz, was willst du mehr?

Gustl warf sich ihren Mantel über und legte eine Nachricht auf den Tisch. Sie liefen zur Pöhlbergstraße und oberhalb der Traversen des Sportplatzes zur Festhalle.

Gerhard erzählte, was Vater geschehen ist. Er sprach von seinem Vorsatz, diesen neuen Leuten zu zeigen, dass man sich nicht alles gefallen ließe, er wisse nur nicht, wie. – Das bringt doch nichts, meinte Gustl. Er könne die höchstens ärgern und riskiere dafür seinen Markscheider. Wir sind zu klein, etwas zu bewegen. – Man muss sich aber wehren gegen Unrecht. – Einige aus ihrem Dorf im Memelland glaubten auch, sie müssten sich wehren gegen die Russen. Mutter wehrte sich nicht. Sie sprach freundlich mit Deutschen, sprach freundlich mit Russen und kam heil hier an. Die Stolzen, Tapferen sind lange tot. – Was wollen sie mir schon? Schlimmstenfalls schmeißen sie mich raus. Na und, ich habe einen Beruf! Die Schwestern meiner Mutter haben mir aus Leipzig geschrieben: Musikalienhändler werden wieder gesucht. Du kommst natürlich mit. Leipzig wird dir gefallen. – Sie lasse nicht einfach so über sich bestimmen! – Ist doch nur Spielerei, beschwichtigte Gerhard. Er wollte doch sagen, dass ohne sie gar nichts mehr geht! –„Wirklich?" – „Wirklich!" – Gustl blieb stehen. „Du gehst nicht weg?" – „Ich liebe dich doch!" Er sah ihren zweifelnden Blick, küsste ihren harten Mund, küsste ihn weich. „Übrigens hatte diese schlimme Sache etwas Gutes.

Meine Mutter sagte: Geh zu Gustl, geh!" – „Vielleicht ein Anfang. Also versündige dich nicht!"

Gustl knickte mit dem Fuß aus dem Tanzschuh, ein Kiesel sprang scheppernd vom Fußweg. Gerhard fing sie auf. Das kleine Malheur ließ sie nach hinten sehen. Eine gelbe Sonne berührte blaue Waldkämme. Aneinandergelehnt betrachteten sie den Farben mischenden Ball, erfreuten sich seines Spiels auf der Palette der fernen Bergwälder. Aus Grün und Blau der Wälder und Gelb der Sonnenscheibe schuf er Nuancen, blitzte mit goldenen Strahlen dazwischen, weitete im Niedersinken die flüssige Mischung des Horizonts. Es geschah so weit weg, und sie sahen es so klar. Die schwarzen Waldkanten rückten sacht der Mitte zu, sogen vom sinkenden, schwächer leuchtenden Ball den letzten hellen Tupfen auf. Ein letztes Glitzern verschwand zwischen schwarzen Kanten.

„Das war es, du romantische Seele." – „Nur im Gebirge siehst du so einen Sonnenuntergang, in deinem Leipzig nie." – „Aber ich will doch gar nicht nach Leipzig. Sei wieder lieb!" – „Na gut. Weil du es bist." – Sie fassten sich an den Händen und schwangen die Arme.

In der Festhalle stiegen sie auf die Empore. In jener, ach, so wilden Zeit, spielte eine Kapelle drei Tänze, dann trank sie Bier. Die Burschen brachten ihre Mädchen zurück und verbeugten sich. Schüchterne tranken sich an der Theke Mut an. War der Mut groß genug, ging man über den Saal und sagte: „Darf ich bitten?" Den ersten Tanz schlug ein Mädchen niemals ab.

Bis zur Pause konnte jeder auf diese Regeln bauen. Erste Flirts führten vor die Tür, um „Luft zu schnappen" – Luft war aber das Letzte, woran man dachte. Es gab auch „ganze Kerle", die mit ihrer neuen Eroberung im nahen Buschwerk „ganze Arbeit" leisten wollten. Ohrfeigen zeigten Grenzen. Die Mädchen hielten nicht hinter dem Berg, wie ihr Kavalier gewesen – draußen, vor der Tür. Schwieg eine drüber – war es ernster. Man fragte nicht und sah sich den Burschen an, der sein Mädchen öfter holte, schließlich mit ihr verschwand. Sie, auch er, waren jetzt „in festen Händen". Das respektierte jeder.

Nach der Pause spielte die Kapelle andere Lieder. War bisher auch „Dr Vuggelbeerbaam" zu hören, tönten nun Tango, Swing und Foxtrott durch den Saal und zur „Damenwahl" Langsamer Walzer – der Mädchen Chance. Zwei, drei Runden blieb Zeit, alles in „Sack und Tüten" zu bringen. Synkopen schmetterten durch den Saal, Boogie war angesagt, von oben erhitzt, wurde unten geschwitzt, verrenkt, der Saal durchmessen und manches Mädchen hochgewirbelt. Alle wollten mitsingen, sich ausleben nach einer Woche Schicht beim Schein der Grubenlampen und dem Rattern der Bohrmeißel. Viele Lieder färbte jeder Saal für sich. Gustl und Gerhard sangen mit wie fast der ganze Saal:

Tschio, tschio, tschio, tschooo!

Käse gibt's in der HaOooo.

Stunden lang kannste steeehn,

aber Käse, Käse gibt es keeen!

So leitete die Kapelle die zweite Pause ein. Danach spielten sie auch englische, französische und italienische Schlager. Man schaute in die Augen der Partnerin oder soff sich den Rachen voll, um zu vergessen, hielt zärtlich Händchen wie Gustl und Gerhard – Musik blieb Hintergrund, oft auch für handfesten Streit wegen „Beleidigung", oder „weil der meine Braut befummelt". Irgendeiner ging schnell dazwischen – den Wirt, gar Polizei rief keiner. Verletzungen – Fehlanzeige, ein blaues Auge zählte nicht. Ungeschriebene Regeln galten – gefährlich war das nie.

Vor Ewigkeiten hatte an den langen Tischen Gerhard die Gustl entdeckt. Nach der ersten Pause tanzte er nur noch mit ihr. In der zweiten duldete sie seine Lippen an ihrer Wange, gestattete ihm, sie heimzubringen durch den Pöhlbergwald. Am Gartentor küsste sie ihn flink auf die Wange und brachte schnell die Tür zwischen ihn und sich, bevor er begriff.

Am nächsten Tag, kurz vor Ladenschluss, hat Gustl Butter umgepreist. Zwanzig Mark kostete das Stück, als sie hier anfing. Jetzt drückte sie fünf Mark in die Halterung. Da hörte sie hinter einem Pfeiler leise einen Schlager summen. Gerhard lachte sie an. – „Hab Frühschicht, da kann ich nach dir sehen." – Sie freute sich. – Er brachte sie heim vom Marktplatz, an der Sankt-Annen-Kirche vorbei, vorüber an Festhalle und Sportplatz bis zur Pöhlbergsiedlung, ein langer Weg und immer bergauf. – „Wird ein weiter Heimweg für dich." – Er lachte. „Für dich tu ich alles." – „Na na! Sei froh, dass ich nicht beim Konsum arbeite." – „Warum?" – „Die müssen noch eine halbe Stunde Marken kleben." – „Würde ich auch noch opfern."

Er kam jeden Tag. – Aber zur Festhalle wollte sie nicht mit ihm gehen. Sie sei da, er mag gern kommen. – Drei Mal hat er werben müssen. Einmal blieb sie nach der zweiten Pause verschwunden, und er wusste, dass sich ein Anderer um sie bemühte. Eifersucht wühlte in ihm, trotzdem kam er wieder. Da hat sie nur noch mit ihm getanzt, flüsterte: Prüfungen bestanden!

Sie traten aus der Saaltür. Im Schlaglicht des Eingangs hielten Pärchen Händchen. An der Grenze des Lichts knutschten Paare ungeniert. Im Saal war das verpönt, weit draußen gehörte es dazu. In den Büschen verbarg sich manches. Heimwärts trieb es sie. Blitzende Sterne sahen sie über ihren Köpfen vor klarem, schwarzen Himmel.

Sie liefen durch den Pöhlbergwald und traten auf den moosbewachsenen Waldpfad. Vorsichtig bog Gustl Zweige beiseite, schlüpfte hindurch, dann fanden sie sich auf ihrem Moosbett. Hier hat Gustl dem Gerhard gezeigt, was Frau und Mann unterscheidet, wie sie sich Freude geben können.

Sie war eine gute Lehrerin – und er ihr guter Schüler. Bald gab es nichts mehr zu lehren.

Später ging Gerhard allein den weiten Weg zur Haldenstraße und schlief gut in seiner Kammer. Am Morgen gab ihm Mutter einen Brief: Er soll am Montag um zehn auf der „Malwine" sein.

Zeitig verließ er das Haus, umging das „Russenviertel", lief über den Markt hinunter ins Tal der Sehma, querte die Brücke und bog am Frohnauer Hammer in die Dorfstraße. Sie wand sich krumm und steil zwischen geduckten Schieferhäuschen. Bleiern hing der Himmel, die Sonne saugte Himmelsgrau. Schwer wurde ihm der Anstieg zum Huthaus auf dem Schreckenberg. Dies war „sein" Schacht, der Schacht seines Vaters und auch des Obersteigers, die „Malwine".

Was werden sie von ihm wollen?

Der Personalchef zerdrückte fast Gerhards Hand in seiner Rechten. Für diesen Händedruck war er bekannt. Der vierschrötige Kerl hatte widerwillig vom Presslufthammer hinter den Schreibtisch gewechselt, „Parteiauftrag" munkelten seine alten Kumpel. Der klotzige Mann kramte nach Gerhards Akte.

An der Wand gegenüber entdeckte Gerhard ein einfaches Pappauto, an die Schichtaufstellung gesteckt. Da wurde ihm klar: Vater war hier noch lebendig.

Ein Schnellhefter klatschte auf die Tischplatte. „So, nun wollen wir im Papierkram Ordnung schaffen." Er erläuterte, nun gehe die Besatzungszeit zu Ende, die Republik baue die neue, die antifaschistisch-demokratische Ordnung auf und werde sich von einigen befreien. Dazu gehöre seine Wismutverpflichtung. – Er legte ein Blatt vor ihn hin. „Siehst du?" Er las vor: „Begründung: Bergbautauglich. Rechts eine Unterschrift und Stempel. Du selber bist nur Verpflichteter. Das wird anders. Hier ist dein Arbeitsvertrag. So heißt das ab heute. Wir werden beide gleichberechtigt unterschreiben". Er zeigte die Stellen für die Unterschriften.

Gerhard überflog den Text. Formalkram, es ändert nichts. Aber – ein Haken grub sich in sein Gehirn – sie wollten etwas von ihm!

Der alte Hauer, Kommunist seit Mitte der zwanziger Jahre, schaute auf den jungen Spund vor sich. Der da wird einmal zur Bergbauelite gehören. Ein fein geschnittenes Gesicht, ein Kopfarbeiter, seine Hände taugten nicht für den Bohrhammer. Binnen Minuten hat er ihn damals für die Bergakademie ausgewählt, hörte ihn reden, dachte sofort: ein Intelligenzler, kein Fördermann. Ungern hatte er selber den Platz des Personalchefs eingenommen, wäre viel lieber Hauer geblieben. Nun wählte er Menschen aus, die einmal seinen Staat bauen und führen sollten. Tätig konnte er sein für eine Zukunft, an die er fast nicht mehr geglaubt hat. Hier konnte er mehr für seine Ideale tun, als im Streb vor Ort. Das ging ihm durch den Kopf, während Gerhard sich nicht rührte. „Nu, was ist? So lange hast du nicht gebraucht, um Ja zur Bergakademie zu sagen!"

Gerhard straffte sich. „Ich unterschreibe, wenn die Kündigung meines Vaters rückgängig gemacht wird." – „Was soll das? Dein Vater? Ich kenne deinen Namen nur einmal." – „Meine Mutter hat mich in die Ehe gebracht. Ist trotzdem mein Vater. Der dort ist es." Gerhard wies auf das kleine Pappauto.

Der Personalchef drehte sich. „Das Auto? Dein Vater?" – Gerhard nickte.

Das Auto. Seine Kumpels gaben ihm den Spitznamen. War immer schnell da, immer schnell weg und gleich darauf am nächsten Ort. Seine Schicht hat als erste nur noch nass gebohrt. „Auto" redete: Was seien die paar Mark mehr am Monatsende gegen die Jahre weniger Leben? Ist nicht weggegangen, bevor die Bohrmilch über die Meißel floss. Dann stellten sie wieder um. Aber „Auto" bog wieder um die Ecke und hielt den Vortrag neu. Sei doch ihre Gesundheit, nicht seine. Langsam wirkte seine Ausdauer, sie spürten Ehrlichkeit, auch er

wurde vom Vortrieb bezahlt, der geringer ausfiel, bohrten sie nass. Der Hermann, „das Auto",
war geduldig und zäh. Ein guter Steiger. Schade. Aber Verständnis für einen Nazi – nein.

„... um den guten Steiger tut es mir leid. Aber nur um den guten Steiger."

„Dann erzähle ich, was er für ein Nazi war." Gerhard sprach vom Fanfarenzug der
sozialistischen Arbeiterjugend, der „gleichgeschaltet" wurde mit der „Machtergreifung". Die
Fanfaren fielen an die SA und ein Parteibuch an die Spieler. Nie mehr probten sie, nie gingen
sie zu einer Versammlung. Ihre neuen Oberen wagten nicht zu mahnen, sie selber keinen
Austritt. Alles blieb in der Schwebe und in den Akten. So ein Nazi sei sein Vater. Die neue
Zeit wolle doch Schluss machen mit Ungerechtigkeit.

Der Personalchef glaubte das. Immer schon hatte er sich gefragt, wie „Auto" früher Nazi sein
konnte. Das war nun die Wahrheit. Er kannte Umfaller, Verräter, Standhafte und solche wie
„Auto", schob die Erinnerung beiseite. Wie sollte er antworten? Zuerst brauchte er Zeit.

„Das findet man selten, wie du dich für deinen Stiefvater einsetzt, Bravo! Aber – ich bin nicht
der Putzoberste meiner Zunft. In einer Woche weiß ich mehr. Inzwischen bringen wir unsere
Sache zu Ende. Da steckt der Füller."

In Gerhard kroch ein frohes Gefühl. Den da hat er gewonnen. Der hält Wort. Aus der Freude
wuchs Triumph, er schaute auf den Füllfederhalter. Aber – unterschreibe ich jetzt, habe ich
kein Druckmittel mehr – es gibt nicht nur ihn. Mit wiederkehrender Beklemmung sagte er:
„Nein. Erst ist mein Vater wieder Steiger. Dann unterschreibe ich."

Will dieser Spund ihn erpressen? Halt, sagte sich der alte Kommunist. Aus solchen Leuten
mit Rückgrat und Willen rekrutieren sich die Besten. Er sah in Gerhards Augen, las die
zurückgehaltene Angst, den Mut zu seinem Entschluss – ein Kämpfer. Sein Staat könnte gut
beide brauchen, „das Auto", und den da, Hermanns Sohn. Man muss sich bemühen um den
Nachbarn, den Kollegen, den Freund, und von zwanzig Kandidaten wird vielleicht einer
Genosse. Beinahe vergaß er das an diesem blöden Schreibtisch. „Gut. Bekommst Bescheid.
Nun raus mit dir!"

Gerhard empfand den Händedruck nicht mehr bedrohlich, eher vertraut und warm.

Die heiße Mittagssonne spürte er nicht beim Hinabstürmen durch Frohnau, hinunter in das Tal der Sehma. Erst kurz vor dem Marktplatz in Annaberg, als ihm vom Anstieg die Füße schwerer wurden, spürte er Wärme auf sich fallen. Schnell verdrängte er sie. Dort vorn begann Gustls Mittagspause. Sie muss erfahren, was er eben erlebte, teilhaben an seinem Erfolg.

Er fand die kleine Tür im Bretterzaun, die sie ihm verraten hat, falls es einmal „sehr Wichtiges" gäbe. Sie mochte keine Besuche, genierte sich vor den anderen Mädchen. – Ihre kichernden Kolleginnen sah er nicht, hatte nur Augen für Gustl. Sie stand sofort auf, winkte ihn mit den Augen nach draußen. Dann lehnte sie mit dem Rücken an der warm bestrahlten Hauswand, blinzelte in die Sonne und sah auf Gerhard und seine Begeisterung. – Er wird seinen Vater wieder auf den Schacht bringen. Was sagt sie dazu?

Gustl wurde trotz der warmen Sonnenstrahlen kalt. Sie zog die leichte Strickjacke fester um sich. „Ich weiß nicht, Gerhard. Ich habe Angst. Das geht nicht gut." – Was sie für Gespenster sehe? – Gerhard erwartete Bewunderung, hörte: kleinliche Verzagtheit. – „Ich kann nichts sagen. Hab nur so ein Gefühl." – Sie sah zu Boden. Er forschte in ihrem Gesicht. Fand nichts. – Stille lastete. „Ich muss wieder rein. Sehen wir uns heute?" – Gerhard schüttelte den Kopf. Er muss wieder nach Freiberg.

Sie küssten sich. Eine Wolke schob sich vor die Sonne, ließ es kalt werden im kahlen Hof.

Gustl sah ihm nach. Sein Schritt schien ihr schwer, seine Schultern gebeugt. Die Wolke war an der Sonne vorbei gewischt, Wärme überfiel sie und konnte doch ihr Frösteln nicht vertreiben. An der Tür drehte er sich um und winkte. – „Gute Fahrt!" rief sie.

Zu Hause schwieg er. „Formalkram", antwortete er Mutter, stieg hoch in seine Bodenkammer und packte den Koffer.

Kleine, tapsige Schritte auf der hölzernen Bodentreppe, erstaunt sah Gerhard seinen kleinen Bruder. „Das ist aber ein seltener Besuch." – Bernd setzte sich aufs Bett, sah ihn mit großen Augen an. – Gerhard klappte den Koffer zu. „Schieß los! Mutti soll es nicht hören, ja?" – Bernd nickte. „Warum hast du den Fußball gegen die Mandoline getauscht?"

Natürlich. Die Antwort gestern hat nicht genügt. Gerhard holte weit aus. Er hat doch Musikalienhändler gelernt. Da verkauft oder kauft man Lieder, sollte ein Instrument spielen können. Er hat den Fußball gefunden, zur Tauschzentrale gebracht und erhielt die Mandoline. Sein Glück. Kurz danach gab es keine Tauschzentrale mehr.

„Warum gibt es keine Tauschzentrale mehr?"

Weil die Leute jetzt im Konsum oder der HO kaufen können, was sie sich früher beim „Hamstern" oder auf dem „Schwarzen Markt" beschaffen mussten. Dann konnten die Leute dort tauschen ohne Angst vor der Polizei. Jetzt geht es allen Leuten besser, wenn auch noch nicht so gut wie vor dem Krieg. – „Aber du brauchst keine Mandoline! Bist in Freiberg und wirst Geologe!" – „Ich habe das gern gelernt, Bernd. In Freiberg bin ich, weil es uns hierher verschlagen hat, durch den Krieg und so." – „Du bist lieber Musikalienhändler als Geologe?"

Gerhard fühlte sich überfahren von der Konsequenz der Kinderfrage. Er hat sich das nie gefragt. Es gab keine Wahl. „Musikalienhändler könnte ich in Leipzig sein, hier nicht. Hier gibt es nur Bergbau." – „Bist du nicht gern im Schacht?" – „Im Musikladen stände ich lieber." Jetzt war es heraus und Gerhard selbst erschrocken.

Bernd fühlte sich erhoben. Wie wichtig ihn der große Bruder nahm, sprach wie mit seinesgleichen! Er wollte ihm ebenbürtig sein, auch wenn er dafür Träume opferte. „Dann war es richtig, die Mandoline einzutauschen. Vielleicht stehst du doch noch im Musikladen!"

Grausame Kinderlogik. In Gerhard brach Verschüttetes auf, begrabene Wünsche aus Einsicht in die Notwendigkeit. Ging es nicht auch anders? Er wird darüber nachdenken müssen. – Verdammter Fußball, brachte Vergessenes ins Rollen! Laut sagte er: „Verzeiht mir mein kleiner Bruder? Männer werden sich doch immer einig, nicht?" – Bernd nickte. – „Gehen wir runter. Weiß Mutter, dass du hier bist?" – Bernd schüttelte den Kopf. – „Du Schlimmer! Vielleicht merkt sie es nicht!" – Verschwörerisch schien ihr Einverständnis. Plötzlich schien beiden, als ständen gar nicht so viele Jahre zwischen ihnen. Erleichtert und froh einen Bruder zu haben, liefen sie die Treppe hinab.

Am selben Nachmittag krallte sich der alte Kommunist seinen Parteisekretär und erzählte von „Auto" und Gerhard.

„Glaubst du das?", fragte er. – „Ja." – „Wie kannst du das beweisen?" – „Gar nicht." – „Da liegt das Problem. Wie Auto heute spricht, könnte er einer von uns sein. Da blieb viel hängen von der sozialistischen Arbeiterjugend, nicht nur das Fanfareblasen. Hatte den Mut, den Nazis fern zu bleiben. – Aber ich sehe keine Chance." Der Parteisekretär sah auf das Pappauto. Sie rauchten ihre Pfeifen, blauer Rauch verteilte sich im Raum.

„Zu einer Pause gehört ein Schnaps", brach der Sekretär das Schweigen. – Der Personalchef holte den Bergmannsfusel aus dem Schreibtisch und fischte zwei Gläser heraus. „Darauf, dass wir wenigstens den Jungen behalten", sagte er und hob das Glas. – „Wieso?" – „Der geht, wenn er sein Vertrauen verliert." – „So einer ist das?" Der Sekretär zögerte mit Trinken. – „Dann trinken wir darauf, dass uns Unmögliches gelingen soll!" – Sie sahen sich an wie Verschwörer und kippten den Schnaps.

Es war einfacher in der alten Zeit. Da gab es den Feind, da gab es den Freund, es gab Möglichkeiten, man hatte Angst, hatte Mut, konnte handeln. Und immer war man mit sich im Reinen. Jetzt aber hatten sie die Macht. Man sah keinen Feind, aber Richtlinien und Direktiven. Die wollten oft nicht passen zu dem, was sie ihr kommunistisches Gewissen nannten. Lag es daran, dass die Russen ihnen nicht alle Macht gaben? Doch die Russen gaben ab. Eines Tages sind sie alleinige Herren im Haus. Sieht es dann anders aus?

Als sie sich trennten, sahen sie keinen Weg. Doch eine Bestimmung musste es doch geben, dass sie nach ihrem Gewissen handeln konnten, verdammt noch mal! Man muss sie finden!

Zwei Wochen später saß Gerhard wieder im Wismutbus von Freiberg nach Annaberg. – „Du kannst Beziehungen haben", sagte die Studiensekretärin. – Er druckste. „Ich müsste eher los und mit jemand reden, ehe ich dahin gehe." – „Hau schon ab! Ich mach das schon!"

Gewitzigt von der ersten Fahrt ergatterte er einen Platz an der Rückwand der Kabine über dem drehenden Teller des Sattelaufliegers. Hier saß er ruhiger und konnte seinen Gedanken nachsinnen. Gustl weckte seine Unruhe. Doch er sorgte vor, schrieb Briefe nach Leipzig und erhielt Antworten. Gustl und die Eltern ahnten nichts.

Als er die Tür zur Wohnküche öffnete, sah er ein unerwartetes Bild. Kuchen auf dem Tisch, Bohnenkaffeeduft, Mutter, Vater und Bernd langten zu und blickten ihn freudig an. Kuchen und Bohnenkaffee am Samstagnachmittag, wann hat es das gegeben?

Mutter stand auf. „Fein, dass du so früh kommst, Gerhard. Kannst gleich mitfeiern." Sie holte ein viertes Gedeck. Vater lachte verschmitzt. Er holte tief Luft und sang mit hellem, klaren Bariton kräftig und volltönend: „Ja, ja, der Chiantiwein ..." Das tat Vater nur bei großer Freude. Ab nächstem Monat arbeiten Mutter als Buchhalterin, Vater als Lagerleiter in der HO. Sie würden zwar nur halb so viel heimbringen wie Vater früher, aber sie kämen aus. Gerhard könnte sein Geld behalten, abzüglich Kostgeld wie bisher. Ist das kein Grund zum Feiern?

Weit zurück wichen Gerhards Sorgen. Als Mutter den Tisch abräumte, ließ er fallen, er wolle noch zu Gustl. Ein Schatten fiel auf Mutters Gesicht.

Als Gustl und Gerhard zur Festhalle liefen, ging die Sonne unter. Kalter Wind frischte auf, erste Regentropfen fielen. Keinen Tanz ließen sie aus. Gerhard erzählte. Gustl erinnerte, dass sie nicht weg mochte von Annaberg. Hier sei sie zu Hause. Gerhard sah ihre Angst. Er wusste nichts zu antworten. Er käme ins Kaufhaus am Montag Mittag.

Der kalte Wind begleitete sie auf dem Heimweg. Im Pöhlbergwald auf ihrem Moosbett konnte er nicht stören.

Er müsse noch einmal Formalkram erledigen, versteckte sich Gerhard vor den Eltern. – Nein, dies würde seine Entscheidung sein, jetzt, da Vater wieder in Arbeit kam.

Natürlich sei er lieber auf dem Schacht, sagte Vater am Sonntag. Aber man müsse die Dinge nehmen, wie sie sind. Nach der Meinung und dem Willen der kleinen Leute sei es schließlich nie gegangen.

Den Händedruck des Personalchefs empfand er wieder vertrauensvoll grob. „Ich mache es kurz, Junge. Die Entlassung deines Vaters ist nicht zu kippen. Zwar gibt es Ausnahmen, aber ..." Er sprach von Zeugen und Belegen, die beweisen konnten. Das prüfe eine Kommission, das kann dauern. – „Aber Sie kennen doch meinen Vater. Glauben Sie mir nicht?" – „Doch.

65

Ich hätte mich sonst nicht eingesetzt. Mehr war nicht drin. Finde dich drein und regle das deine. Da ist der Füller."

Gerhard wurde klar: Das hatte er erwartet. Er will es ruhig hinnehmen. Viele einzelne Gedankenfetzen flossen zusammen. Erst war Vater gut genug, die Schwierigkeiten des Anfangs zu meistern, jetzt, wo es leichter wurde, warfen sie ihn wieder hinaus. Damit ihre Willkür nicht so offensichtlich ist, legen sie diesen Köder aus: Prüfung im Einzelfall. Es interessierte sie nicht, dass Vater gar kein Nazi war – Rache nahmen sie an ihren unterlegenen Feinden, wirklichen oder vermeintlichen, ganz gleich. Das Geschwafel von der großen Idee und der Gerechtigkeit – das konnten sie sich schenken, war Nebel vor ihren Machtgelüsten, nicht anders als bei den Nazis vor ihnen! – Wut kroch in ihm hoch. Er hob den Blick und sah den Mann ihm gegenüber. Sicher, der war ehrlich. Aber die Leute über ihm? Ihm war wie losschreien, aber – er träfe den Falschen! Der verdient seinen Zorn nicht – und die ihn verdienen, die trifft er nicht! Er ahnte etwas von Gustls Angst, als er noch stolz war auf seinen vermeintlichen Erfolg.

Gerhard zwang sich zur Ruhe. Dann sagte er: „Ich bleibe dabei: Wird mein Vater nicht wieder eingestellt, unterschreibe ich nicht." Nur Starrsinn können sie ihm anlasten, sonst nichts.

In Gedanken zog der Personalchef den Hut vor dem Jungen. Nun musste er sagen: „Ohne Arbeitsvertrag kein Studium an der Bergakademie." Der alte Kommunist fühlte sich schlecht.

Natürlich, dachte Gerhard. Aber so braucht er auch nicht für Heuchler arbeiten. Oder studieren, das macht keinen Unterschied. Er warf die Tür ins Schloss.

Als dann der Parteisekretär auf dem Stuhl saß, rauchten sie bedächtig ihre Pfeifen. „Du musst den Vermerk machen." – „Ich will nicht. Er stimmt nicht." – „Wenn der nie wieder auffällt, schadet er ihm nicht. Wenn er aber mit ihm Ärger gibt, wird man dich fragen: Warum hast du nicht gewarnt? Wir müssen es machen wie die sowjetischen Genossen, die haben gesiegt. Unser Sieg ist von ihnen geschenkt. Wachsamkeit, muss ich dich da agitieren?"

Der alte Kommunist begriff: Es blieb ihm nichts erspart. Leise fluchend holte er Gerhards Akte. Stockend schrieb er: „Der Arbeitsvertrag wurde nicht geschlossen, weil er die Wiedereinstellung eines Nazis erpressen wollte." Plötzlich brach es heraus: „Noch mehr solche halbseidenen Dinger, und ich schmeiß den Bettel hin!"

Der Sekretär verstand. Er dachte an Worte, die er in ganz anderem Zusammenhang las und die ein gewisser Tucholsky geschrieben haben soll: „Die schlimmste Lüge ist die Wahrheit, mäßig entstellt." Macht gebrauchen, stellte er sich anders vor, damals im Untergrund.

Regentropfen fielen, als Gerhard die Baracke verließ. Er fühlte sich ausgebrannt. – Seine Sachen muss er noch holen, sagte der Personalchef, ehe er ihn mit seinem gewohnten Händedruck entließ. Er schien ihn immer noch zu mögen. Doch es war ein Abschied.

Am Bahnhofsberg drückte er sich an die Hangwand. Bäume und Büsche reckten ihre Kronen weit ausladend über den Fußweg. Gerhard suchte Schutz vor dem Regen. Er wollte schnell die schützenden Dächer Annabergs erreichen. Seine Joppe hielt den Regen ab, aber die Tropfen rannen in den Kragen. Auf den Oberschenkeln sogen sich die Hosenbeine voll. Endlich lag der steilste Anstieg hinter ihm und erste Hausdächer boten Schutz. Bald sah er den Holzzaun – ihn fröstelte. Wie wird Gustl aufnehmen, was er jetzt sagen muss?

Unvermittelt hörte der Regen auf. Als er den Hof des Kaufhauses betrat, blieb der Wind zurück. – Gustl sprang mit bang fragenden Augen auf. Dann lehnte sie wieder an der Wand.

„Sie stellen Vater nicht wieder ein." – „Und du?" – „Nicht unterschrieben." Dann brach es aus Gerhard heraus, Trotz und Logik seiner Gedanken fielen auf das Mädchen nieder. – Sie duckte vor der Gewalt verletzten Stolzes und wusste nicht: Soll sie stolz sein auf diesen Freund, der sich nicht beugt? Oder traurig, weil er sich in Gefahr begibt? – „Was willst du tun?" – „Ich habe nach Leipzig Briefe geschrieben. Mein Lehrbetrieb stellt mich wieder ein. Bei einer Tante kann ich wohnen."

Sie erschrak. Das war ungeheuerlich. Er hat schon Vorsorge für Leipzig getroffen! Sie wandte sich ab und weinte leise. – Mit seinem Zorn beschäftigt, verstand er nicht. Doch unwillkürlich nahm er sie in den Arm. – Erst wollte sie abwehren, fand nicht die Kraft und weinte still an seiner Brust. – Hilflos sah er ihren Kummer, fremd blieb ihm der Grund. Sie brauchte Trost. Er wollte ihn geben, er liebt sie doch.

Ihr Schluchzen ließ nach, sie sah ihn an. „Ich habe Angst um uns, Gerhard. Leipzig ist so weit." – „Aber es ist doch nicht aus der Welt! Wir können uns besuchen, wir können uns schreiben. Ich habe noch nie einen Liebesbrief von dir bekommen." – Du Kindskopf, wollte sie erwidern, verschluckte es. Er begreift es nicht. „Ja, besuchen wir uns eben, schreiben wir uns. Ganz bestimmt, ja? Ganz sicher, ja?"

Gerhard nickte stumm. Heute holt er die Klamotten. Morgen käme er abends zu ihr, dann werden sie reden. Sei ihr das recht? – Es war ihr recht. Mit dem Taschentuch wischte sie die Tränen fort. Er half ihr, zart tupfte er in ihre Augenwinkel. Sie lächelte dankbar.

Sie sah ihm nach. Wie beim letzten Mal, dachte sie, und doch – alles ganz anders.

Er geht nach Leipzig, wird bei Tante Erna wohnen, sagte er den Eltern. Sein alter Lehrmeister erwarte ihn, bei der Wismut konnte er kündigen.

Mutter bekam freudige Augen, Vater bedauerte, keinen studierten Bergmann in die Familie zu bekommen. – Allein mit ihm, fragte Vater: „Ist was mit Gustl?" – Nein, nein, versicherte Gerhard. Aber nun wird alles wieder normal. In Leipzig, schrieb Tante Erna, fahren keine Trümmerbahnen mehr. Sein Chef öffnet einen zweiten Laden. Den wird er führen. – Vater schien nicht recht glauben zu wollen. Doch Gerhards Worte klangen logisch, kamen ihm nur zu schnell. – Er sei nun schon lange über achtzehn, könne wählen und gewählt werden. Also sei es sein gutes Recht, eigene Entscheidungen zu treffen. Vater schlug ihm auf die Schulter und wünschte viel Glück.

Mutter passte ihn alleine ab. Nach Gustl fragte sie nicht. Sie beklagte sich, dass er ganz ohne sie fertige Tatsachen schuf. So plötzlich gehen, ohne ein Wort vorher zu ihr, habe sie das als Mutter verdient? – Gerhard verstand nicht, fühlte sich aber wie ertappt. Er fahre andern tags nach Freiberg, mit den Kommilitonen Abschied feiern. Es könne auch einen Tag länger dauern. Am Donnerstag erwarte ihn Tante Erna.

Das war nicht die ganze Wahrheit. Mit seinem Koffer von Freiberg ging Gerhard ins Siedlungshaus zu Gustl. Sie aßen mit den beiden Alten zu Abend.

In ihrer Kammer schrie Gustl Gerhard an und trommelte mit den Fäusten gegen seine Brust: „Geh hin zu deinem Personalchef! Es darf nicht zu spät sein! Ich war so lange auf der Flucht. Mutter hat sich allem gefügt, um mich zu retten, ist darüber gestorben! Ich will endlich Wurzeln haben in meinem Pöhlberghaus!"

In dieser Nacht schlief Gerhard in Gustls Kammer. Sie liebten sich wie Ertrinkende. Die beiden Alten sahen bei ihrem stillen Frühstück traurig auf ihr Mädchen und den Jungen.

Auch den kleinen Bernd traf Gerhard noch einmal allein. „Nun wirst du doch Musikalienhändler. Freust du dich?" – Gerhard wusste nichts zu antworten. – „Spiel mir was vor! Bitte!" Bernd sah bedauernd auf den Fußball, der nun eine Mandoline war. – Gerhard griff einen Akkord in den Saiten und sang:

„Tschio, tschio, tschio, tschooo!

Käse gibt's in der HaOoo ...!"

Plötzlich brach er ab. – „Spiel weiter, klingt doch schön!" – „Ein andermal, Kleiner, ganz bestimmt!" – „Wann ist das?" – „Ich weiß es nicht." Mutlos hingen Gerhards Schultern vor.

Gustl besuchte Gerhard in Leipzig. Die Straßenbahnen waren ihr zu laut mit ihrem Kreischen in den Kurven und ihrem vielen Klingeln. Wie überhaupt die große, noch halb kaputte Stadt.

Sie schrieben sich noch lange.

5. Der Schlüssel

Heute strebte er mit Ungeduld seinem Hotel zu. Morgen Nachmittag fährt er zurück. Letztmalig konnte er der schönen Unbekannten begegnen beim gemeinsamen Abendessen. Er lachte innerlich, als er diesen Satz dachte. Gemeinsam, mit drei Tischen Zwischenraum, sie mit ständig wechselnden Tischpartnern, er allein in einer Ecke mit dem Blick zu ihr.

Zum ersten Mal begegnete er ihr auf dem Gang vor seinem Zimmer. Sie schloss ihre Zimmertür ab und hielt den Kopf geneigt. Tief schwarzes, krauses Haar verdeckte ihr Gesicht, leuchtete ein wenig bläulich. Spontan schätzte er ihr Alter nach der Figur auf achtzehn Jahre, berichtigte sich sofort, als sie den Kopf hob und ihm ins Gesicht schaute. Ihr selbstbewusster Blick aus dunklen Augen nahm ihm den Atem. Eine Persönlichkeit ging an ihm vorbei, eine erfolgreiche Mittzwanzigerin im unaufdringlich erotisch wirkenden Kostüm, die kokett ohne Worte zu sagen schien: „Seht her, ich bin's! Bin ich nicht schön?" Ihre Schuhe klapperten die Treppe hinunter, die wohlgeformten Schultern bebten im Takt der Schritte. Diese Bewegungen, verbunden mit dem Blick ihrer Augen, verfolgten ihn am ersten Tag seines Lehrgangs noch lange Stunden im Seminar. Als er gewahr wurde, dass sie am Abend im Hotel aß, suchte er einen Tisch, sie ansehen zu können. Das konnte er jeden Abend arrangieren. Es schien ihm genug, mehr schickte sich nicht. Dabei hätte er gern gewusst, wer ihm da mal betont gleichgültig, mal unergründlich, immer aber wie zufällig in die Augen blickte bei diesem Zeremoniell eines gemeinsamen Hotelessens auf mittlere Distanz.

Müde blickten ihre Augen aus dem Spiegel. Zeit, dass die Woche starb, Zeit auch, dass der Lehrgang dieses Unbekannten zu Ende ging. Sein erstaunter Blick war ihr schon am Montagmorgen aufgefallen, als sie das Zimmer verließ zu ihrem Arbeitsweg in die Klinik. Am Abend sah sie ihn wieder. Etwas verloren stand er im Restaurant, wirkte linkisch im Anzug, den er selten zu tragen schien. Dann entdeckte er sie, straffte sich, taxierte die Tische, suchte zielgerichtet einen nahen Platz. Entschlossen wirkte er dabei und gar nicht mehr linkisch. Die plötzliche Verwandlung reizte sie. Verstohlen suchte sie zu ergründen, wer da ihre Nähe suchte. Aus einem Dutzendgesicht wurde vertrautes Minenspiel. Klar, kantig an den Knochen, weich in den Wangen, unfähig, Gedanken zu verbergen, geschweige denn zu lügen – erst beim zweiten Blick fällt so einer auf. Ende Zwanzig, schätzte sie, verheiratet – wahrscheinlich. Solche Typen laufen nicht frei herum. Offen für andere Frauen sind solche Männer immer, doch drängen sie sich nicht vor. Schnell musste er geahnt haben, dass sie auf einem Stammplatz saß. Trotz der Distanz schuf er Vertrautheit, die beunruhigte. Wie viele vor ihm wird er morgen wieder fahren. Sie kannte diese Gäste, Lehrgangsteilnehmer von Montag bis Freitag, Konferenzteilnehmer, wenige Privatbesucher und wusste, sie zu unterscheiden. Sie selbst fühlte sich als Stamm, hoffentlich nicht mehr lange. Doch jetzt wird sie hinuntergehen, ihren Platz einnehmen – ihm gegenüber, drei Tische weiter. Seine Zeit lief ab. Wenn er noch einen 'One-nigth-stand' haben wollte, durfte er seine Chance nicht verpassen. Sie lachte. Wollte sie denn selber?

Als sie sich setzte, glitt ihr Blick sofort zu ihm. Herausforderung schien zu leuchten. Doch er hielt das nur als Widerspiegelung eigenen Wunsches. Gleich darauf kam die unscheinbare, gleichaltrige Frau, die meistens rechts neben ihr saß. Er aß sein Bauernfrühstück und trank ein Bier. Ihr Tisch füllte sich heute nicht. Sollte ein Fingerzeig sein, wenn diese 'beste Freundin' heute mit ihr alleine bliebe, dann ...? Nein, nein, nicht unter Erfolgszwang setzen, so nicht, er würde genauso sitzen bleiben, noch ein Bier trinken und morgen heimfahren. – Mal sehen, was Frauchen für den Sonntagstisch bereit hat. Der Älteste sollte seine Mathearbeit zurückhaben. – Da traf ihn wieder so ein zufällig unbeteiligter Blick, wie er ihn schon seit Tagen kannte. Und weckte, was er für sich verschüttet geglaubt hat.

Die Freundin sprach wie immer viel, doch sie musste, wie immer, nicht unbedingt zuhören. Verfluchte Idee vor dem Spiegel, aber – sie könne es brauchen. Wenn er zart war, vielleicht sogar lieb ... – Vor vier Wochen waren sie auseinander gegangen, Studentenliebe eben. So wird es bleiben. Sie war ein wenig traurig, ein bisschen froh, Szenen hat es nicht gegeben. – Von ihren neuen Kollegen schien keiner in Frage zu kommen. Doch das musste kein endgültiges Urteil sein, hatte doch jetzt die Arbeit Vorrang. Man war ja wieder Lehrling. Und sie war noch gar nicht wieder offen für neues – im Kopf, im Schoß vermisste sie schon, was sie immer sehr genossen hatte. – Käme der in Frage? Oder wird es eine Enttäuschung? – Unwillkürlich strich ihr Blick über ihn. Eher nicht, glaubte sie, der sah nicht aus, als würde er enttäuschen. Es sei denn, er käme gar nicht erst herüber.

Sein Teller war leer, noch ein Schluck Bier im Glas. Drüben schien niemand mehr zu kommen. Kribbeln im Bauch. Junge, das bringt doch nichts! Bist gut verheiratet, stolz auf zwei Kinder. Aber du wirst doch mal probieren dürfen, ob du noch flirten kannst! Willst doch nur ein schönes Abendgespräch, das ist doch erlaubt, oder? – Er schob den Stuhl zurück, nahm das Bierglas in die Hand und ging entschlossen hinüber. „Sie gestatten, hier ist doch noch frei?" Er tippte an den Stuhl ihr gegenüber. – Sie blickte auf und bemerkte beiläufig: „Aber bitte." Dann sprach sie wieder eifrig mit der Freundin.

Das blieb so eine Weile. Der Kellner brachte ihm ein neues Bier.

Dann verlosch das Gespräch mit der Freundin. Pausen traten ein, wurden länger.

Er hatte ihrem Gespräch zugehört, äußerlich nicht sonderlich interessiert, doch auch nicht abwesend. Ergab es sich, lächelte er, wenn sie lachten. Sie fand es als angenehm, dass da einer saß, der Anteil nahm, ohne sich aufzudrängen.

„Sie sind sicher der Herr aus Nummer sechs", sprach sie ihn an. – „Dann sind sie aus Zimmer neun", erwiderte er und legte demonstrativ seinen Schlüssel auf den Tisch. – „Sie haben richtig getippt", lachte sie und legte ihren daneben. – Sie schauten auf die Schlüssel, die Punkte zur Unterscheidung, lasen neunundsechzig. Sie dachten beide ähnlich. Nur – sie wussten es nicht voneinander. – „Und da kommen sie einfach so herüber und setzen sich an den Tisch wildfremder Leute?" – „Warum nicht, wenn es nette Leute sind?" Er lächelte. „Sie sprachen vorhin über einen Film, den ich auch gesehen habe. Ich habe ihre Meinung vom Hauptdarsteller nicht verstanden. Könnten sie das wiederholen?" Nur keine Pausen jetzt aufkommen lassen, dachte er. Es gelang. Er warf andere Gedanken ein. Bald sprang das Gespräch vom Film zum Buch, vom Buch zur Stadt, zur Musik, auch die 'beste Freundin' blieb nicht außen vor. – Natürlich ließ er sie wissen, dass ihm ihr krauses, schwarzes Haar schon am Montag vor ihrem Zimmer aufgefallen war. Sie sei eine unwiederholbare Erscheinung, wie sie ihm selten, nein, nie vorher begegnete. Sie wohne wohl schon länger hier?

Sie begriff, dass er bei allen Komplimenten einen Pfad legte, auf dem sie mehr von sich offenbaren sollte. Sie ging diesen Pfad und nannte ihre Ziele nach dem Studium, sprach von den Vorbehalten ihrer Kollegen und staunte über ihre Offenheit. So etwas erzählt man doch nicht am ersten Tag!

Und er – er staunte auch. Da wuchs ein Mensch vor ihm, wie er sich als Partner keinen besser wünschen konnte. Natürlich bemerkte er ihre ausgeworfenen Angeln, mehr von ihm zu erfahren. Tief steckte er in der Klemme. Er konnte, nein, er wollte sich nicht so ehrlich geben, wie sie erwarten durfte und auch verdiente. Junge, rief er sich zur Ordnung. Du bist noch eine Nacht hier, und sie will etwas von dir! Das ist doch unverkennbar! Was zögerst du? Es geht um eine Nacht. Geh ins Bett mit dieser klugen Schönheit! Eine Nacht wirst du vergessen können! – Wirklich vergessen, eine Nacht mit dieser Frau? Wirst du das dann noch wollen?

Sie spürte den Widerstand, der ihr entgegen schlug. Dieser Unbekannte wurde ihr wertvoller, je mehr er sich gegen sie stemmte. Mit dem würde sie einen neuen Anfang wagen können. Gewiss war er nicht für einen 'One nigth-stand' geschaffen, aber ...! Dabei erzählte sie von ihrer langen Suche, bis sie hier eine Bleibe gefunden hatte.

Er spürte, wie er sich immer stärker verliebte. Sie glich seinem fleischgewordenen Ideal! Diese kleinen, bebenden Nasenflügel, rote Lippen, rosiger Schwanenhals, ein Dekolletee verlockend fest und nicht zu groß geraten! Die Rüschen ihrer Bluse gewährten lose Einblicke mal auf diese, mal auf die andere Seite, je nachdem, wie sie sich bewegte. – Unwillkürlich verglich er sie mit seiner Frau. Diese Unbekannte war nicht viel anders als die Frau zu Haus, nur eine Fingerspitze besser, das Gespräch noch etwas klüger, anspruchsvoller. Doch eine solche ideale, andere Frau konnte, durfte es nicht geben! Die berühmte zweite Chance im Leben. Für ihn. Und seine Frau und seine Kinder sollen zahlen für seine vage zweite Chance? Wenn er sie je brauchen sollte, jetzt kam sie zu früh. Was erzählt sie da, wie schlecht die Zimmer waren, in denen sie anfangs hausen musste? Verwöhnt war sie, so etwas konnte er nicht brauchen! Das Haar in der Suppe, er hatte es gefunden.

Die 'Freundin' machte Zeichen. – Sie sprach: „Wir müssen gehen. Ich bringe meine Freundin nach Hause. Sie werden sicher noch hier sein, wenn ich zurückkomme."

Er quälte seine Antwort heraus. „Ich muss morgen früh 'raus. Tut mir leid."

Sie suchte seinen Blick. Fand ihn nicht. Sie hatte sich entschlossen. Er wollte überrumpelt werden.

„Dann will ich ihnen ihren Schlüssel geben, sonst stehen sie dumm da. Hab' ihn versehentlich eingesteckt." Sie legte ihren Schlüssel auf den Tisch.

Die Katastrophe war da oder würde kommen. Fieberhaft suchte sein Kopf. Stockend hörte er sich sagen: „Das tut mir furchtbar leid. Sie müssen sich versehen haben. Das – ist mein eigener Schlüssel." Er legte seinen daneben. Ansehen konnte er sie nicht.

Ewigkeiten sind ganz still. Besonders, wenn sie nur Augenblicke dauern. Dann gingen die beiden Frauen ohne ein einziges Wort.

Die Nacht wurde nun doch zur Katastrophe – für sie und ihn in getrennten Zimmern.

Am nächsten Nachmittag reiste er ab. Er hatte mit dem Gedanken gespielt, eine Erklärung zu schreiben, sie in einen Blumenstrauß zu stecken und ihr vom Personal geben zu lassen. Verwarf es wieder. Es musste kindisch auf sie wirken, ihre Wut auf ihn aufs Neue anfachen. Sie war so klug. Sie wusste es doch sowieso. Frauen spüren das. Noch im Zug dachte er, was er ununterbrochen in der Nacht gegrübelt hat: Du Rindvieh, was bist du doch blöd!

Die gewohnte Arbeit brachte ihr Abstand. In der ersten Pause fasste ihr Kopf ohne Groll zusammen: Warum war er nur so absolut? Wenigstens den 'One-nigth-stand' konnte er ihr doch gönnen! Sie hat doch schon verstanden. Und eine Chance hätte er ihr geben können, eine winzig kleine Chance für mehr. So ein feiger Hund!

Sie sind sich nicht mehr begegnet.

6. Traumschiffreise

Viel zu früh kamen Suse und Bernd am Frankfurter Flughafen an. Gemeinsam suchten und fanden sie den Flugaufruf. Dann bestand Suse auf dem Abschied, mochte keine Schau vor vielen Leuten. – „Bleib mir treu", lachte sie. „Und wenn doch ...? Darf ich keinen Schaden haben, hörst du?" – „Hab ich dich je betrogen?" – „Was weiß denn ich?" Er hat einmal gut. Sie war sich sicher: Bernd bleibt bei ihr.

Seinen Verkaufsberater sah er als Ersten. Um ihn sammelten sich Paare. Man war sich fremd, nur Herrn Schmidt kannten alle. Bernd schien als Einziger solo zu bleiben.

Nichts blieb in ihm von zwölf Stunden Flug zurück. In Dunkelheit und Müdigkeit wischte der Umstieg in den Bauch des Kreuzfahrtschiffes in San Juan an ihm vorbei. Munter geworden, verließ er seine Kabine, tappte Treppen hoch und riss die Tür auf. Lichter einer Insel glitten vorbei, ein Schwall feuchtwarmer Luft traf sein Gesicht. – Gerade dort trete ich an die Reling, wo Küchendünste herauskommen, dachte er. – Er lief die Reling entlang, bis er begriff: Das war kein Küchendunst. Das ist die Luft der Karibik. So wird es vierzehn Tage sein.

Am Frühstückstisch fand Bernd eine einzelne Frau neben sich. Langes, blauschwarzes Zigeunerhaar umrahmte ein slawisch geschnittenes Gesicht. Grüne Augen schienen Glut zu verbergen, könnten beunruhigen. Ihre Lippen lockten, doch am Hals sah er einzelne Fältchen. – Sie bemerkte seine Blicke, empfing sie wie zustehenden Tribut. Bei ihm fand sie Augen, die nichts verbergen können. Das ist kein Geschäftsmann. Wie will der feilschen, vielleicht gar bluffen? Mit grauen, weichen Augen schaute er aufmerksam auf den Reiseleiter. Prägte er sich alles wörtlich ein? Ein älterer Student, der seinem Professor lauscht – der ein Kaufmann? Das ist nicht wichtig. Kann er interessant erzählen, ist er witzig? Sie wird es erfahren.

Sie werden vierzehn Tage nebeneinander sitzen, fühlten sich zeitversetzt in ein Kinderferienlager. Nur – dass es hier zum Frühstück keine Mehlsuppe oder Sago gibt. Nein, dieses Schiff „Horizon", dessen Namen man „Horeisen" spricht, seinen Luxus und Größe hätten sich beide nicht träumen lassen. Nur eine Gruppe Passagiere wird überschaubar sein: Die ihre – unter zwölfhundert Yankees verlieren sich andere, Inselmentalität wird sie zusammen führen. Sie ahnen es, als Herr Schmidt von neun Passagierdecks spricht. Die Paare um sie herum werden bewirken, dass auch sie ein Paar werden – für sieben Tage an diesem Tisch und sieben Tage an einem anderen. Wird es bei Tisch und Ausflugsbummel bleiben?

Eine Nacht, einen Tag und wieder eine Nacht pflügte die „Horizon" spiegelblanke See in schwüler Luft. Dann kletterten sie auf Martinique durch enge Gassen zur Kirche Sacre Coeur empor. Bernd trug ihre Tasche. Flüchtig besehen, glichen sie anderen Kaufmannsehepaaren.

Martinique ist stolz auf Frankreich, erklärte der Inselführer. Die Menschen bauten die berühmtesten Bauwerke Frankreichs nach, etwas kleiner, Martinique sei ja auch kleiner. Es hat nicht nur von Frankreich empfangen. Josefine, die erste Kaiserin der Franzosen, war als Kind eines weißen Pflanzers hier aufgewachsen. Er erzählte von der ergreifenden Liebe des Artillerieoffiziers zur schönen Lebedame der Revolutionssalons. Josefine blieb kinderlos. Wäre aus dem jungen Napoleon ein Familienvater geworden? Hätte er Europa so lange mit Krieg überzogen, wenn er sich nicht diese Liebe aus dem Herzen hätte reißen müssen? Martinique hat mit dem Liebreiz seiner Inseltochter Frankreich erfreut. Frankreich baute viele Straßen. Dabei kommt jeder Nagel von dort, und nur mit Bananen kann die Insel bezahlen.

Als Kaufleute möchten sie einen normalen Markt sehen. – Er bitte um Verständnis. Martinique ist als Überseedepartement genauso Frankreich wie das Elsass, aber auch Karibik. – Sie traten in den von Gerüchen strotzenden Dorfladen. – „Wie in Mittelasien, wo Fleischstücke in glühender Sonne am Haken hängen und Fliegen darauf spazieren", sagte Bernd. – Das fiel auf. Wie kommt man dorthin? – Er erzählte von seiner Silberhochzeitsreise und den Schwierigkeiten, sie zu erhalten. – Aha, ein Exot aus dem Osten. Im Jahre Zwei der deutschen Einheit war er das bei Menschen, welche Elbe und Werra als deutsche Ostgrenze kannten.

Bei der Weiterfahrt im Bus raunte seine Tischnachbarin im zu: „Ich kenne den Osten. Doch jetzt wollen wir schauen". – Vor jeder Kurve hupend, fuhr ihr Bus hinab, kam Antwort, blieb er stehen. Dann quälte sich ein Fahrzeug knapp vorbei. Die Schlucht weitete sich zum Tal. Auf dem Berggrat faserte die weiße Rauchfahne des Mt. Pele. Wo sie jetzt inmitten Urwalds fuhren, stand früher die Inselhauptstadt St. Pierre. 1902 hat der Vulkan die größte Stadt der Karibik begraben. In einer glühenden Giftgaswolke kam binnen drei Minuten der Tod. Bis dahin nährte, und kleidete Martinique sich selbst. Nie hat sich die Insel davon erholt.

Draußen strotzte tropischer Urwald vor Lebenskraft. Hier habe das Schmiedeviertel gestanden, der kleine Bach trieb Mühlräder an. Sie sahen erste Häuser und fühlten Beklemmung.

Auf dem Weg zum Museum ging er hinter ihr, blickte auf ihren schwingenden Rock und stellte sich ihre Formen vor. Ihr Haar reichte im Rücken bis zur Taille, wenig sah er von ihren bloßen Schultern. Er spürte die von ihren Bewegungen ausgehende Kraft. Plötzlich fühlte er: Diese Frau nahm sich den Mann, den sie wollte. Wehe ihm, er enttäuscht sie. – Sie kamen vor erkalteten Lavablöcken an. Er stand neben ihr und schalt sich seiner erotischen Gedanken.

Umziehen nach dem Landausflug – solch Kleideraufwand entsprach nicht Bernds Lebensstil. Doch – aufgewacht im klimatisierten Schiff, ging man zum Frühstückstisch, zog sich zum Landgang in den schwül warmen Tropen um, duschte und aß zu Abend im Klima Nordamerikas. Nachts fuhr das Schiff zur nächsten Insel, und alles begann von vorn. – Er griff sich die nächste Hose und das oben liegende Hemd. Ein Abendbrot ist schließlich keine Hochzeit. Zwei Minuten fehlten, den Gang vor, die Treppe hinab – er wird pünktlich sein.

Er war der Erste. Andere Paare schlenderten heran. Er rutschte innerlich zusammen, hoffte auf den Bonus des allein reisenden Ehemannes. Dann kam sie. Nein – sie trat auf. Die Frauen schauten auf ihre Männer. Die wollten gelassen aussehen.

Das Tischgespräch zog sie an sich. Man sprach über kommende Speisegenüsse. Er hätte lieber ein Bauernfrühstück statt der Muscheln, Krabben und Schnecken. – Man erzählte, wo man schon gespeist habe. Die Austern der portugiesischen Algarve seien denen der französischen Bretagne vorzuziehen. Weinbergschnecken schmecken auch überall anders.

Bernd fühlte sich einsam, dachte an Suse und suchte diesen hochgelobten „Meeresfrüchten" Geschmack abzugewinnen. Sein Schweigen fiel nicht auf. Alle waren bemüht, Weltläufigkeit zu beweisen. Dann stand man auf: „Man sieht sich." – Allein geblieben mit seiner Nachbarin, gewann er endlich den Kampf mit den Muschelschalen. Sie hat ihn teils belustigt, teils erwärmt, beobachtet. – „Gestatten Sie?" Sie zeigte ihm den Trick. Sie lachten, sie, weil sie ein gutes Werk getan, er, erleichtert, nicht mehr ganz einsam zu sein.

„Kann ich mich bei meiner hilfsbereiten Nachbarin revanchieren? Ich mache mich noch abendfein." – „Sie können. Doch bleiben Sie, wie Sie sind. Sie sehen gut aus." – Überrascht ging ihm das herunter wie Öl.

Sie schritten die breite Treppe zum Vergnügungsdeck hinauf. Mit glitzerndem Halbdunkel empfing sie die Bar, Lämpchen auf den Tischen ließen die wenigen Gesichter geheimnisvoll verworfen wirken. Auf der vom Boden her beleuchteten Tanzfläche drehte sich langsam ein einzelnes Paar. So früh am Abend ist das Laster noch müde. – „Ich glaube, ich muss Sie ein wenig an die Hand nehmen." – „Ich könnte mir keine angenehmere Lehrerin wünschen, ein so schöne dazu." – „Sie sind charmant! Außergewöhnlich für einen Ossi." – „Na, na! Wir können zwar noch klettern. Aber auf Bäumen leben wir nicht mehr." – „Ich weiß." Sie erzählte von sich. Gebürtige Polin mit deutscher Muttersprache sei sie, habe echte Zigeuner in ihrer weitläufigen Familie, kenne die Ferienlager der DDR, studierte Deutschlehrerin in Breslau und ist viel nach Deutschland gefahren. „Ich wollte einen deutschen Mann heiraten. Polnische Männer saufen zu viel und sind faul." – „Ich kenne Polen. Das stimmt nicht." – „Sie kennen Arbeiter. Bei uns ist das so: Auf dem Lande sind die Männer faul, und die Frauen arbeiten schwer. In der Stadt spielen die Frauen feine Dame, und die Männer schuften. Ich komme vom Land." Sie hat einen Bayern geheiratet. So kam sie in den Westen.

Die Tischlämpchen ließen den Wein funkeln. Sein schweres Rot blitzte, als sie die Gläser hoben. Er fand, es sei Zeit für einen Tanz. Bernd musste wieder lernen, eine Frau zu führen. Dann fasste er Mut und gab sie mit einer Hand frei. Sie drehte sich unter seinem Arm hindurch, lachte ihn an und fiel weich zurück an seine Brust. – „Geht doch ganz gut nach so langer Pause", raunte sie ihm zu. – Ihr bleibt nichts verborgen, dachte er. Er hielt ihren Stuhl, ganz Kavalier der alten Schule.

„Ich bewundere Ihre Frau, Sie allein auf ein solches Schiff zu lassen!" – Er blickte tief in ihre Augen. Sie blieben unergründlich. Verstehe einer die Weiber. Von Tante Ruth und Suses Kreuzfahrt erzählte er, dass seine Frau bestimmt hat: Du fährst.

Das passt zu dem, dachte sie und lächelte. Der entschuldigt sich noch, wenn er einmal Gutes für sich selbst tut. Das ist kein Kaufmann. Zum Kaufmann ist der gekommen, wie die Jungfrau zum Kind. Sie wird es erfahren. Für den ersten Abend ist es genug.

Beim Tanzen verstanden sie sich immer besser. Er staunte über seinen Mut, als er sich sagen hörte: „Wir sollten uns beim Vornamen nennen, wenn es sich schon so ergab ..." – Sie schaute ihn an, dass ihm schwindlig wurde. „Ich heiße Tamara." – „Ich bin Bernd." – „Schön, Bernd. Das Du sollten wir gleich nachschieben." – „Sehr einverstanden. Wir haben Wein dabei. Also?" Spitzbübisch blickten seine Augen.

Er lernt schnell, dachte sie, streckte ihm ihr Glas entgegen und sie vollzogen den Bruderkuss. Ihre grünen Augen fluoreszierten im schummrigen Dämmer, weckten Fantasien.

Weich schien er ihr. In grauen Augen blieb sein Funkeln weit hinten. Zeit, abzubrechen. Sie kippte den Rest des Glases, er folgte. „Ein schöner Abend, danke, Tamara!" – „Danke, Bernd." – „Ich bringe dich zur Kabine." – „Aber, wir sind doch keine siebzehn. Bis zur Treppe darfst du. Damit ich nicht falle." Sie lachte und reichte ihren Arm – ein Kreuzfahrerpaar, die elegante Dame mit dem zurückhaltend, korrekt gekleideten Herrn. – „Tschüss, Tamara, bis morgen auf Barbados!" – „Barbedos, sagt man. Blamiere dich nicht, Ossi-Bernd!" – „Danke, olle Wessi-Tante!", winkte er ihr lachend nach.

Am nächsten Morgen sahen sie die Inselhauptstadt Bridgetown an terrassenförmig ansteigenden Hängen liegen. Von der Einfahrt in den kleinen Hafen versprachen sie sich Dramatik. Aber da war nichts. Dieser Riese steuerte alles selbst, nur die Taue machten Hände vom Kai fest. Selbst das hätten eigene Matrosen nach kurzem Sprung vermocht, so sacht rangierte der Koloss heran. Beeindruckt reihten sie sich in die Schar der Landgänger ein.

Kein quirliges Hafentreiben, nur das Lärmen der tausend Yankees belebte die verträumten Kais. Hinter dem Hafenausgang, ähnlich einem kleinstädtischen Bahnhofsgebäude, standen Zwitter aus PKW-Vorderteilen mit Anbauten wie Panjewagen, luftig und hölzern. Enge Nachbarschaft presste bloße Oberarme aneinander. Vor drei Tagen im Flugzeug noch störend empfunden, schuf das heute vertraute Nähe. Scherzworte schwirrten, eins der Kreuzfahrerpaare – Tamara und Bernd.

Die Ausflugskarawane quetschte sich durch die Hauptstraße. Sie quoll über von Marktständen fliegender Händler und hupender Autos. Verkehrszeichen, Polizisten – nirgendwo zu sehen.

Sie fuhren durch ein stilles, grünes Land von Mais-, Tabak- und Zuckerrohrfeldern mit schmalen, asphaltierten Straßen und vielen engen Kurven. Die Praxis des Hupens vor den Kurven funktionierte auch hier, obwohl man links fuhr und die steilen Berge fehlten. Sie sahen Gartenlauben an den Straßen, aus Brettern zusammengenagelt, wie sie Schrebergärtner in Deutschland bauen. Machmal bildeten sie am Straßenrand kleine Plätze. Schwarze Kinder spielten und schauten ihnen mit großen Kulleraugen nach. Sie fuhren sacht aufwärts und hielten auf einem kiesbelegten Parkplatz. Touristen zogen hinauf zu einem Turm mit Signalanlage, einer verunglückten Windmühle gleichend.

„Gun-Hill-Station!", erklärte der schwarze Führer und fügte deutsch hinzu: "Waffen-Hügel-Station". Voller Stolz erging er sich in englischer Kolonialgeschichte. Engländer sind als erste Siedler auf Barbados gelandet, pflanzten Zuckerrohr und bauten Signalstationen, von denen man die Insel überblickte. Gleichgültig, wo Franzosen, Spanier oder Holländer landen wollten, sie entgingen wachsamen Augen nicht. Barbados blieb britische Kronkolonie bis zur Unabhängigkeit. Heute leben fast nur noch Nachfahren der schwarzen Negersklaven – mit seltener Anhänglichkeit an ihre alten Herren. Barbados fühlt sich „very old british" und ist stolz auf diesen Ruf. Englisch spricht man, hat Parlament und Premierminister, einen Trafalgar-Squire und Paraden in roten Röcken der britischen Armee. Autos oder Häuser werden nicht abgeschlossen, sagte der Führer stolz. Ein Mord oder schwere Körperverletzung käme in einem Dutzend von Jahren einmal vor. Dann ist braven Bürgern beim Streit um eine Frau das Temperament durchgegangen. Die Touristen sollten auf ihre Geldbörsen achten. Touristen bestehlen, zählt nicht als kriminell.

Vom Turm der Signalstation schauten sie auf die grüne Insel, deren Zuckerrohrfelder von bunten Dächern der Schrebergartenhäuser unterbrochen wurden, den Wohnhäusern. Azurblau wölbte sich der Himmel über grünem Meer. – „Ich habe das Blau der Glanzpostkarten für Ansichtskartenkitsch gehalten", sagte Bernd. „Aber – es ist nur ein Abklatsch der Wirklichkeit. So blau kann keine Postkarte sein, wie hier der Himmel leuchtet." – Tamara nickte.

Die Farben der Tropen – sie ertranken darin. Später ließ Gewohnheit ihren Glanz verblassen. Auf Martinique sahen sie nur Farbkleckse um sich her: Der sprießende Dschungel, die Bananenstauden – Insel der Blumen wird Martinique genannt. Auf Barbados erlebten sie Weite, Felder, Meer und Himmel in großen Farbflächen und – vielleicht als Antwort zum französischen Konkurrenten gedacht – den angelegten „Flower-Forest", den „Blumenwald" mit Bäumen, Blüten und Vögeln auf engstem Raum. Auf gewundenen Wegen stiegen sie hinauf und hinunter, Farben und Düfte umschmeichelten ihre Sinne. Sie wurden satt des Schauens, Riechens und Hörens der vielen Vogelschreie, die bunt in diesem Paradies flatterten.

Müde bestiegen sie ihre luftigen Zwitterautos, empfanden Hitze und Schwüle nicht mehr als fremd. Einzeln trafen die Gruppen am stillen Hafen ein, verschwanden in dem kleinen Loch am großen Bauch des Schiffes.

Allein standen sie im Fahrstuhl. – „Du bist doch ein Kavalier?", fragte Tamara. – „Immer." – „Dann halte mich!" Sie stützte sich auf seinen Arm und zog sich die Schuhe von den Füßen. „Das tut gut." – „Aber das darf man nicht auf so einem feinen Schiff!" – „Ich darf alles. Bin eine deutsche Polin. Es weiß nur keiner." – „Doch. Ich weiß es." – „Du zählst nicht. Denn du verrätst mich nicht. Du bist ein Kavalier." Sie lächelte ihn an. – Der Fahrstuhl hielt, die Tür ging auf. Draußen standen drei fremde Paare. Sie hielt ihre baumelnden Sandalen vor und trat heraus. Als der Fahrstuhl wieder fuhr, sagte sie: „Siehst du, die haben keine Notiz genommen." – Mit schnellem Blick erfasste er ihren Anblick: kess, barfuss, mit wohl geformten Beinen in weißen Shorts und ärmelloser, gut gefüllter Bluse. Ihre Figur musste die Farbe weiß nicht fürchten, ihr langes schwarzes Haar verlieh ihr Exotik. Ein Armband am Handgelenk und ein Kettchen im Halsausschnitt glänzten golden und setzten Lichtpunkte. Warum war er schon fünfzig und verheiratet? – „Nun hast du aber genug geguckt. Schau heute Nacht auf die schönen Mädchen vom Ballett!" – Ach ja, heute: karibische Nacht am Pool. Doch Vorsicht! Tamara fachte an, was er lange für sich verschüttet glaubte. Aufgewühlt ging er in die Kabine.

Man sah vieles gemeinsam, sprach darüber beim Abendessen. – Ihren Nachbarn beeindruckten oberirdisch gemauerte Gräber. „Da laufen wir, und Armeslänge entfernt, nur durch Stein getrennt, liegt ein Toter. Nie wieder gehe ich auf einen solchen Friedhof. Ich dachte immer: Das sind Aufbauten, der Tote liegt darunter. Ich höre auf, ist kein Thema fürs Abendessen." – Eine Frau lenkte ab: „... die Kirche auf Barbados, wo wir nach der Gun-Hill-Station hielten – in Schottland sahen wir eine ähnliche ...". In hessischem Dialekt übernahm ein Anderer das Wort. Die ärmsten Leute sind überall unvernünftig. Da sei es in Fort-de-France verboten, an einem Hang zu bauen. Wenn dieser Hang alle sechs Jahre abrutscht, weil es alle sechs Jahre stark regnet, dann sollten das auch die Slumbewohner achten. Nein, Unvernunft siegt, sie setzen ihre armseligen Hütten immer wieder dorthin. – Bernd wollte entgegnen, doch Tamara legte ihre Hand auf seine und riet mit den Augen ab. Sie sprach vom Flower-Forest und einer Eintragung ins Gästebuch: „... wenn das Paradies und der Blumenwald mein eigen wären, würde ich das Paradies vermieten und selbst im Blumenwald wohnen ...", zitierte sie. „Ist das nicht schön romantisch?" – „Oh, wenn Sie Romantik lieben", fiel ein Franke ein, „... werden Sie bei der karibischen Nacht auf ihre Kosten kommen." Seine

Augen wechselten zwischen Tamara und Bernd. Man hatte bemerkt, dass sie sich duzten. – Seine Frau wies ihn zurecht. „Was du für Gedanken hast, Thomas! Bist nicht mehr der Partylöwe von früher. Verwöhn heute Abend deine Gisela. Die dankt es dir bestimmt." Sie lächelte, man schmunzelte. Nur der Hesse, der sich über die Unvernunft der Armen mokierte, verzog keine Miene.

Bernd saß an der Marina-Bar. War es der kleine Schluck oder ... Tamara kam – trat auf. Sie trug noch immer die weißen Shorts und die beige Bluse, aber an einem Ohr eine große rote Blüte. Auf dem Kopf prangte ein roter Sombrero mit schwarzen Kordeln. Die langen schwarzen Haare rahmten ihr leicht gebräuntes Gesicht – eine karibische Schönheit. – „Mach den Mund zu, Bernd, könnten Fliegen hineinfliegen!" – „Ich muss mich schämen neben dir, Mann, bist du schön!" – „Danke, mein Kavalier, aber schämen musst du dich nicht." Sie holte einen zweiten roten Sombrero hervor und setzte ihn auf den Kopf. „Die Hüte habe ich gekauft." – „Was bin ich dir schuldig?" – Tamara lachte. „Ein Deal: Ich spendiere die Hüte, du die Drinks." – „Aber ..." – „Wir Frauen sind heute emanzipiert." Sie flüsterte an seinem Ohr: „Bis auf einen kleinen Unterschied!" – Er lachte, wollte anzüglich antworten.

„Stören wir beim Flirten?" – Die beiden Franken traten mit gelben Sombreros hinzu. Gisela und Tamara hatten sich vorher in der Mall, der Einkaufsstraße, getroffen. Sie fanden sich alle sympathisch und sagten Du zueinander.

Es wurde ernst mit der karibischen Nacht. Viele Helfer in weißen Hemden und schwarzen Hosen sausten durch Palmen und Tische, stellten Eisblöcke auf, trugen Tabletts voller Früchte. Eiskünstler formten mit flinken Schlägen ihrer Macheten abenteuerliche Gestalten. Durch die Tropenluft schwirrten Eissplitter, Wassertropfen glätteten scharfe Kanten. Eine Ananas der Eisgestalt auf die Hand gelegt, mit dosierten Schlägen zur Blüte geschlagen – schon standen als Wächter schwimmender Burgen im Pool Montezumas, Piraten mit Augenbinde, Konquistadoren mit Helm und Schwert, Indianer mit Federschleppe und Lanze. Auf den Tischen reihten sich Früchte und Blumen, eine Farbensymphonie in schnell hereinbrechender Dämmerung von Kerzen beleuchtet. Gedämpft erklang karibische Musik. – Bernd prägte sich alles tief ein. Er wusste nicht, ob er dies noch einmal erlebt und – spürte diese Frau, fühlte sich wohl, etwas fehlte noch, das beunruhigte ihn. Genauer nachdenken, mochte er nicht.

Die Musik änderte Rhythmus und Melodie. Mädchen tanzten in knappem Kostüm mit Pfauenfedern Samba. Männer traten hinzu, Flamenco folgte. Beifall in den Pausen, Mädchen, Tänzer, Kostüme wechselten. Jongleure zeigten zu Trommelwirbel Künste. Papageien schrien in kleinen Volieren zwischen Palmen, als sei das Deck eine Lichtung im tropischen Urwald.

Ihre Gruppe fand sich. Die Männer holten Stühle, Frauen setzten sich, eine deutsche Insel entstand im amerikanischen Slang. Eine Sängerin forderte zum Tanzen auf. Bald lagen verwaiste Handtaschen auf den Stühlen.

Mit dem Schlusstusch strömten sie zurück. Die Ersten blieben abrupt stehen, andere prallten auf. Ihre Handtaschen lagen auf den Deckplanken. Auf den Stühlen saßen schwarze Frauen, massig, schwer und ihre Blicke schienen zu fragen: Was wollt ihr auf unserem Schiff? – Herr Schmidt sagte, das muss man hinnehmen. – Verstießen sie gegen ein ungeschriebenes Gesetz? Sie werden es nie erfahren. Ihres Mittelpunkts beraubt, löste sich die Gruppe auf.

Auch eine Art „Black-Power", meinte Thomas. Das habe er noch nie erlebt, kenne die Amis ganz anders, locker und fröhlich.

Tamara zog Bernd zur Tanzfläche. Beide hatten nur noch füreinander Augen, erprobten die Harmonie ihrer Körper und freuten sich wachsenden Verstehens. Spät trennten sie sich an der Treppe. „Gute Nacht, Tamara." Kurz drückte er seinen Kopf an ihre Wange. – „Gute Nacht, Bernd. War schön mit dir." Dann wandte sie sich ab. Als sie, jeder für sich, in ihre Kabine traten, knallte die Sonne der rasch beginnenden Tropendämmerung in die Bullaugen.

Bernd schlief schlecht an diesem Morgen. Tamaras grüne Augen glühten vor ihm neben der großen Fantasieblüte an ihrem Ohr. Sie lockten und wiesen ab. Musik schmeichelte und feuerte an. All das schien zu einem Ziel zu führen, das er kannte, nicht wollte und nach dem er sich sehnte. Oft wurde er munter, sah auf die Uhr. Bilder und Töne holten ihn ein. In der elften Stunde beendete er die Tortur und stellte sich unter die kalte Dusche.

Tamara hätte das Bullauge aufreißen mögen! Diese schöne Kreuzfahrt, bewunderter Mittelpunkt sein, ein Kavalier an ihrer Seite – sie brauchte bloß mit dem Finger schnippen, könnte mehr werden. Wollte sie? Ach was! So war es schön, keine Probleme. Die kämen, gäbe sie dem Ziehen in ihrem Schoß nach. Weg damit! Sie ließ warmes und kaltes Wasser über ihren Körper laufen. Erfrischt schlief sie wohlig ein. In der elften Stunde klingelte ihr

Wecker und holte sie aus tiefem Schlaf. Sie streckte die Arme über den Kopf. Heute nur baden in der Karibik. St. Lucia – ich grüße dich! Sie sprang aus dem Bett.

Tamara und Bernd erschienen als Erste am Mittagstisch, griffen sich Messer, Brot und Butter. Da fiel eine laute, freundliche Stimme über sie: „Hello, missis und mistr! I am ..." – Sie verstanden den Namen nicht, hörten „... Wisconsin ...", merkten, dass ihnen „... my wife, my syn ..." vorgestellt wurden. Bernd kramte nach Vokabeln, neue Passagiere kamen. „... Montana ..." verstanden sie. Sofort waren zwei Familien im Gespräch, Bernd und Tamara schauten verständnislos. Ein Mann wandte sich an sie. – Bernd erklärte, dass sie schlecht verständen, aus Deutschland kämen – aufmerksam lauschten die Tischnachbarn. – Eine dritte Familie traf ein. Ihr wurde erklärt, dass da Leute aus Deutschland säßen, die „... sorry ..." schlecht verstehen, aber nette Leute sind. – Sie lauschten, versuchten zu sprechen – es klappte nicht. Bedauernde Blicke ruhten auf ihnen. Wortreich verabschiedeten sich die Fremden, winkten zum Abschied, als kenne man sich Jahre und sehe sich bald wieder.

„Die letzten waren wohl aus Alabama", sagte Tamara. – „Die sahen sich alle zum ersten Mal. Wildfremde Menschen suchen sofort Kontakt. Finde das in Deutschland!" – „Russen sind ähnlich", erwiderte Tamara. „Polen manchmal auch." – „Du findest etwas Gutes an deinen Landsleuten?" – „Du hast dir meine Worte gut gemerkt. Wir reden noch darüber."

Ihr Ausflug führte sie an einen Postkartenstrand. Grünes, müdes Wasser schwappte leise an sandiges Ufer, Palmen umstanden eine weit geschwungene Bucht.

Tamara lachte Bernd aus. Der kam aus dem Wasser und schüttelte den Kopf. Er hatte sich so auf ein erfrischendes Bad gefreut – und nun diese Enttäuschung! – „Tröste dich, mein Lieber. Das erleben alle Europäer." – „Hättest mich warnen können!" – „Warum? Vor Jahren bin ich ausgelacht worden. Heute hast du mir Revanche gegeben." Warum sollte sie ihre Schadenfreude verhehlen? – Hier sind Luft- und Wassertemperatur immer eins. Da kann Wasser nicht abkühlen. Aber wer denkt schon daran, hat er es noch nicht erlebt?

„Reibe mir den Rücken ein! Da kommst du auf andere Gedanken." – „Nur den Rücken?" – „Die Rückseite der Beine auch. Darfst sogar das BH-Band lösen. Aber nur lösen", fügte sie schnell hinzu. Einem Mann einheizen, mit dem Feuer spielen – Frau sein ist so schön! Tamara genoss Bernds Hände, die brav ihren Auftrag erfüllten, bis er ihr die Flasche zurückgeben wollte. – „Nein, behalte sie. Ist meine alle, nehmen wir deine." – Dann dösten sie in der Sonne. Von fern unterschied sie nun nichts mehr von anderen Kreuzfahrerpaaren.

Nicht lange blieben sie ungestört. Hübsche, junge Mulattinnen sprachen laut und wiesen auf ihre afrikanischen Frisuren. – Ob Mississ das ausprobieren wolle? Es gehe leicht wieder heraus. Beides zeige sie, wie es hinein und wieder herausgehe, alles ganz fix, alles ganz billig. – Junge Männer formten aus Palmenblättern vor ihren Augen Schalen. – Wollen sie Jet-Ski fahren – ganz billig, gleich hier, nur vorlaufen zum Strand? – Sie kauften einen geflochtenen Palmblatthut. An ihr Haar ließ Tamara niemand, Bernd wollte nicht Jet-Ski-Fahren. – Neben ihnen dösten Gisela und Siegfried, nicht weit weg die anderen Tischgenossen. Ab und an gingen Einzelne ins Wasser. Wenige Worte sprangen von Handtuch zu Handtuch. Alle fühlten sich schlapp und spürten feuchte Schwüle.

Am Abendbrottisch entschlossen sie sich: Heute entdecken wir das Schiff. Sie wandten dem „Starlight-Restaurant" den Rücken. Kleine Leuchten, verspiegelte Flächen an Wänden und Metallsäulen, die alle miteinander kleine Blitze warfen, gaben ihm diesen Namen.

Sie betraten den weichen Bodenbelag des „Galaxy-Decks", gingen zur „Rendezvous-Lounge" mit Sesselgruppen und der „Rendezvous-Bar" in ihrer Mitte. „Sind wir nicht schon gute zwanzig Meter gelaufen und haben eine Stärkung verdient?", raunte Bernd Tamara zu. – Sie lachte. „Lad mich ein, ich sag nicht nein!" – Vor dem silbernen Halbrund der Theke sitzend, überblickten sie kleine Palmen in Kübeln. Sie schufen intime Atmosphäre, luden ein zum ersten Rendezvous. – Hier hat sie auf der Fahrt nach Martinique der Kapitän zum „Captains-Dinner" begrüßt. Danach sahen sie den dunkelhäutigen Kolumbianer nicht mehr. „Für einen Seebären hält man ihn nicht, unseren Kapitän", sagte Tamara. – „Ohne seine Uniform würde ich auf einen Angestellten tippen", erwiderte Bernd. – „Aber einen guten Piraten mit Enterbeil und Augenbinde hätte er in alten Zeiten abgegeben", spann Tamara. Seine schwarzen Augen fand sie geheimnisvoll, halb spanisch und indianisch sein Gesicht. – „Vielleicht sehen wir noch Piraten", unkte Bernd. „Die nächste Insel soll ein Piratennest gewesen sein." – „Ach, lass die Geschichte", antwortete Tamara. „Ich war froh, dass man uns auf St. Lucia verschonte und uns baden ließ. Lass uns weiter schlendern!" – „Darf ich Madame den Arm anbieten?" – Tamara gefiel: Aus der Rolle eines dozierenden Lehrers wechselte Bernd in die des Kavaliers. Beide passten nicht zu ihm. Aber die unvollkommen gespielten Rollen und der lustige Wechsel, das fand sie einfach süß. „Man darf", sagte sie.

Sie liefen am „Card-Room" vorbei, sahen ihre Tischgenossen Rommee spielen und stießen die nächsten Türen auf. Der offene Eingang der „Palladium-Showlounge" lockte. Breite, teppichbelegte Bahnen mit rotweißen, geschwungenen Strichmustern auf schwarzem Grund führten strahlenförmig hinunter zur halbkreisförmigen Bühne. Gepolsterte Bänke standen zwischen den Gängen mit kleinen Tischchen. In den ersten Reihen saßen Zuschauer. Ein Spiel schien im Gange zu sein, „Bingo", erscholl des Moderators Stimme. – Am Abend gab es hier Ballett, Cabaret, Gesang. Einige, die gut Englisch verstanden, sind einmal hingegangen. Alle Nummern seien auf Spracheffekte angelegt, es lohne nur für Amerikaner.

Auf dem „Fantasy-Deck" standen im „Video-Game-Room" Teenies an Spielkonsolen und ballerten. Monster zerplatzten, sprangen beiseite oder duckten sich hinter Kistenstapeln. Manchmal schlugen sie mit Fäusten nach dem Spieler und der Schirm erlosch. „Game over!" Die vielen Schüsse, Schreie und aufheulenden Autos wurden ihnen zu viel.

In braunem, klassischen Interieur warfen Lampen ihr Licht kreisrund auf grün bespannte Tische. „Einarmige Banditen" an den Wänden – das „Casino royal". Für einen Croupier am Roulette-Tisch oder für „Black Jack" war es zu früh. Vereinzelt klingelten die Automaten, drehten sich Birnen oder Äpfel. Vor ihnen wuchsen Hoffnungen auf den „Jackpot".

Bei der Rettungsübung auf der Fahrt von San Juan nach Martinique hatte sich ihre Gruppe hier gesammelt, ein Matrose wies ihnen ein Rettungsboot zu, einsteigen mussten sie nicht. Der Raum schien nach Frack und Abendkleid zu rufen. Sie hatten sich unwohl gefühlt in diesem Raum, der nach Grafen und Bourgeois zu verlangen schien.

Sie gingen die „Panorama-Galerie" entlang zum mittleren Treppenhaus. Die „Plaza-Bar" in hellem Möbel lockte Bernd, Tamara zog ihn weiter. Die „Mall" mit kleinen Boutiquen und dem „Tax-free-Shop" ließ Tamaras Frauenherz höher schlagen. Sie sah Preise, rechnete nicht um. „Komm, gehen wir weiter. Ich werde unglücklich, wenn ich das sehe."

Im „Zodiac-Club" hatten sie zusammen getanzt, den Bruderschaftskuss getauscht. Ein Ritual, wirklich nicht mehr? Sie sahen sich an – es könnte ja mehr werden. Wollten sie? – Sie erkannten die gleiche Frage in den Augen des Anderen ... – „Kennen wir schon", brach Bernd die gefährlich werdende Stille. – Tamara atmete auf. Wenn er jetzt gehandelt hätte? Was hätte er tun sollen? Erleichtert schaute sie in die Glitzerwelt der „Gemini-Disco".

Dies war die Tanzwelt der Jugendlichen. Wie überlegt die Planer die Räume anordneten! Die Bar nebenan für die Eltern, die Disco für ihre Kinder, das Casino neben den Computerspielen, die Bars an den Treppenhäusern, dazwischen die Einkaufsstraße. Der Passagier möge sich vergnügen und kaufen. Sie bummelten um die beiden Vergnügungstempel am Heck, schauten durch die Panoramascheiben auf das Meer und erreichten die Achtertreppe. Der Fahrstuhl fuhr sie an zwei Decks mit Kabinen vorbei nach oben.

Auf dem „Marina-Deck" erstreckte sich von Reling zu Reling das „Coral-Seas Bar and Cafe". Einige ihrer Gruppe haben hier Sonnenaufgänge gesehen und gefrühstückt. Sie wollen es auch tun. – „Die Bank darf aber nicht zu lang sein, auf die wir das schieben", sagte Bernd. – „Vielleicht ergibt sich ein passender Anlass." – Er sah wieder in zwei rätselhafte Augen.

Gartenstühle luden ein. Doch jedem Kleingärtner wäre ein solcher Stuhl viel zu teuer. Auf diesem Schiff ist alles gediegen, selbst wenn es einfach scheint. – Sie tranken Kaffee mit französischem Cognac und blickten durch die großen Fenster auf die langsam sinkende Sonne. – „Der Sonnenuntergang kann hier schön sein", sagte Tamara leise. – „Warten wir hier und sehen ihn an." – „Noch fehlt einiges vom Schiff", protestierte sie. – „Schauen wir weiter und kehren zurück, einverstanden?" – „Sehr einverstanden", turtelte Tamara und blickte hoch. – Bernd verstand, wehrte sich. Darf ich denn flirten? – „Ausgetrunken", unterbrach Tamara, „am Pool vorbei zum Bug! Laufen bringt auf andere Gedanken. Träumer!" – Plötzlich fühlte sich Bernd hilflos. Wo führte das hin? – Tamara ließ ihm keine Zeit und hakte ihn fest ein.

Schwüle der Karibik fiel über sie. Wasser der beiden Pools schwappte sachte, Liegen standen in Reih und Glied. Der Barkeeper der „Marina-Bar" schloss seinen Tresen. „Warte", sagte Bernd, zeigte auf ein Wolkengebilde. Sie blieben stehen. Er legte seinen Arm um ihre Schulter. Sie ließ es geschehen, betrachtete die fasernde Wolke, wie aus einem Lamm ein Widderkopf sich formte und alles wieder verschwamm. – „Schön", sprach sie nur.

Das Treppenhaus im Bug empfing sie mit kaltem, nordamerikanischen Klima. – „Ein Drink muss wärmen", lachte Bernd. Mit schwarzen Polstern, tiefblauem Teppich und silbernen Tresen, Säulen und Wandverkleidungen empfing sie der „Americas-Cup-Club". Vom Tresen nahmen sie „Hemingways Drink" an ihren Tisch, ließen noch zwei „Cuba libre" kommen, schwatzten über die anderen Gäste und fühlten sich pudelwohl.

„Die Mast-Bar über uns fehlt noch", erinnerte Tamara. Ein langer Weg – doch sie war geschlossen. Sie umrundeten das „Sun-Deck" mit Fitnessstudio, Sauna, kleinen Tischchen, Whirlpools und Liegestühlen. Treppen führten sie hinunter zum „Coral-Seas Bar and Cafe".

Sie blieben draußen in der tropisch feuchten Wärme des Sommerabends, holten Pina Colada an den Tisch und sahen auf die Sonne. Kleine Wolkenfahnen lagen knapp über dem Horizont. Der Rand dehnte sich, zerfaserte zu Wolkenstrichen. Die Wolken rollten ab. Die Sonne kroch in sich zusammen, tauchte ins Meer und warf lange Reflexe über das stille, weite Wasser. Zuletzt glühte noch ein kleiner, leuchtender Rand – dann verschwand auch er. Schlagartig fiel Dunkelheit herab. Weiter links glühten Lichter einer kleinen Insel.

„Das war's", sagte Bernd und blickte in Tamaras Augen. Erst jetzt spürte er seinen linken Arm auf ihrer Schulter liegen. Seine rechte Hand lag in ihrer. Ganz ruhig lag sie da, vertraut umfasst von ihr, als müsse es so sein, als sei es immer so gewesen. – „Komm", sagte Tamara. „Wir gehen die Treppen am Heck hinunter. Dort sind unsere Kabinen." – Sie klapperten die blechernen Stufen herab. Als sie sich hätten trennen müssen, sagte Bernd: „Nun haben wir das ganze Schiff gesehen. Nur deine Kabine kenne ich noch nicht." – „So? Was hindert dich?" – Gemeinsam zogen sie die Tür ins Schloss.

Antigua – das ist eigentlich gar keine Insel. Das sind viele Buchten, die an ihren Landseiten zusammenhängen. Vom hohen Hügel in der Mitte sieht man sie alle: die Bucht der Yachten, die Bucht der Badestrände, die Hafenbucht, die Bucht mit der kleinen Stadt. Stevensons Schatzinsel, dachte Bernd, kein Abenteuerbuch kann romantischer gemalt sein. Unter azurblauen Himmel spitzten viele kleine Masten, weiße Segel draußen im Meer, Palmen und dorniges Gestrüpp an den Hängen, so lag die Abenteuerkarte unter ihnen. Nur die grausigen Seeungeheuer der alten Illustratoren fehlten diesem Bild.

In einem alten, hölzernen Landhaus erzählte ein Schwarzer, wie eine Prinzessin der königlichen Familie hier eine Nacht verbracht habe. Das sei nicht ganz sicher. Jene Nacht war sehr stürmisch, als das Kriegsschiff seiner britischen Majestät hier ankerte. Es wäre der Prinzessin nicht zu verübeln gewesen, wenn sie den Ritt auf diese zugige Berghöhe gescheut und in ihrer bequemen Kajüte geblieben wäre. Eigens für ihren Besuch war das Haus erneuert worden und diene heute dem Präsidenten als Landsitz. – Seltsam: Die Nachkommen der Negersklaven präsentieren stolz die Kolonialgeschichte ihrer früheren Herren. Nicht nachdenken, sie genossen die Schönheit der Landschaft, lehnten aneinander und schauten hinab auf den Yachthafen der Schönen und Reichen. Ein Märchenbild!

Wind frischte auf, erstmalig auf ihrer Reise, Regenschauer beim Herabsteigen zu „Nelsons Dockyard" – dem Nationalmuseum. – Hier gab es das beste Schiffsholz im ganzen Empire, von fuhr die britische Flotte nach Trafalgar, besiegte die Franzosen und zwang Napoleon aus Ägypten zurück. Überall holte sie Geschichte ein.

Abends verwandelte sich Herr Schmidt wieder in ihren Gebietsleiter. Er stellte Pokale auf den Tisch, legte Urkunden dazu, hielt eine kurze, herzliche Rede. Dann kam er zu dem, was ihm wichtiger schien. – Diese Auszeichnungsreise für seine kleinsten Kunden ist neu für den Konzern. Bewusst wolle man Zeichen setzen, den kleinen Kaufleuten helfen, ihre Nische zu finden. Ohne gegenseitige Hilfe gehe das nicht. Deshalb säßen sie an ihren Tischen, wie sie im Lande Nachbarn sind. Sie sollen sich kennen, vertrauen und helfen. Am heutigen Abend möchten sie von ihren Märkten erzählen, von sich und ihren Sorgen. Der Wein soll die Kehlen feucht halten. Wenn sie nicht wüssten, wer beginnt – es steht auf jedem Tisch ein Würfelbecher, den Ersten auszuwürfeln. Gewachsenes Vertrauen dient jedem im härter werdenden Wettbewerb. Er freue sich, dass wenigstens ein Kaufmann aus den neuen Bundesländern in ihrer Runde sei. Seine Erfahrungen seien besonders interessant. Sie sollten jetzt, wenn nötig, zunächst die Würfel benutzen. – Herr Schmidt setzte sich an ihren Tisch.

„Gut gesprochen, Peter", lobte ihr Nachbar. – „Danke, Jürgen. Fang an! Bist der Älteste hier, hast nette Leute um dich ..." – „Mir gefällt, dass sich der Konzern seiner Wurzel erinnert. Rheinisch-Westfälische Einkaufs- und Liefergenossenschaft – war das nicht sein Anfang?"

Tamara und Bernd sahen sich an. Schon wieder Geschichte? Aber zu dieser gab es handfesten Bezug. – Sie erfuhren, dass in den dreißiger Jahren kleine Kaufleute Genossenschaften gründeten, sich von Großhändlern zu befreien. Die Genossenschaften schlossen sich zusammen – heute trugen sie andere Namen. Jürgen hat das miterlebt. Sein Großvater hatte Butter im eigenen Haus verkauft, sein Vater eine Genossenschaft gegründet. Jürgen hat vom Vater übernommen, ist unter dieses Dach gewechselt. „Das Dach von Peter", lachte er. Die Zahlen seines damaligen Gewinns trug er noch heute im Kopf. Dieser Wettbewerb sei neu und gut. Wer sei auf die Idee gekommen?

„Der Osten", antwortete Herr Schmidt. In das Staunen hinein erzählte er, wie sie damals in die HO der DDR und in den „Konsum" kamen und dabei stießen sie auf den, wie hieß er doch ... – „... sozialistischer Wettbewerb", half Bernd. – Sie waren von der Idee angetan, die Manager des Westens und fragten sich, warum die Idee nicht wirke. – „... weil die im Osten kleckerten", antwortete Herr Schmidt sich selbst. – Bernd erinnerte sich des „warmen Händedrucks" zu HO-Zeiten und erzählte davon. So kam seine Gründungsgeschichte auf dem Tisch.

Gestandene Kaufleute hörten, wie einer im fernen Osten plötzlich das Dreifache seines Umsatzes erzielt hat. Wie das Bernd bewog, den Laden privat zu übernehmen – ohne eigenes Kapital. Wo hätte das herkommen sollen? Dann wandte Bernd gar Wissen an, welches er über den „Klassenfeind" lernte: Im Kapitalismus kann das Unternehmen nur wachsen oder sterben. Er hat Märkte hinzugekauft. Aber nun stiegen seine Umsätze nicht mehr – aber Mieten und Löhne. Sein Vorkaufsrecht hat nichts genutzt, beschwerte sich Bernd, weil Altbesitzer überhöhte Preise für ihr Haus verlangen. Das Haus zum Laden zu holen, ist ihm nicht gelungen.

Seine Zuhörer sahen das ganz anders. Sie wunderten sich, dass die Bank diesem Habenichts den Kauf eines Marktes kreditierte. Sie glaubten nicht an seine Chance. Die großen Konkurrenten setzten erste Schritte in den Osten. Wenn die erst richtig Fuß fassen und er zurückzahlen muss – das kann er nicht schaffen. So dachte Jürgen, dachte Thomas, Herr Schmidt sorgte sich, Tamara lauschte unbehaglich – keiner sprach es aus. Wozu? Der da kämpft. Warum ihm das Herz schwer machen? Er hat keine Wahl. Sie sprachen ihm Mut zu als neuem Kollegen, dem sie gern noch oft begegnen wollen.

Dann glitt das Gespräch zu den Konditionen ihrer Banken, dem Ärger mit dem Personal, verflachte schließlich. Doch Thomas und Jürgen werden sich besuchen, lagen ihre Märkte doch nicht weit auseinander.

Als Tamara und Bernd das Sternenlicht-Restaurant verließen, fragte sie ihn: „Was tun wir heute Abend?" – Er lächelte schelmisch. „Ich zeige dir meine Kabine. Sonst sind wir nicht quitt." Und machen dort weiter, wo wir gestern aufgehört haben. Aber das sagte er nicht. – Tamara las es ihm ab. „Schuft!" Wo er recht hat, hat er recht.

Bei Sonnenaufgang saßen sie im Korallensee-Cafe. An einem weißen Himmel ließ sich nur ahnen, wo die Sonne aufstieg. – „Schade", sagte Bernd. „Ich hätte gern mit dir den Sonnenaufgang erlebt." – „Wir sind doch keine siebzehn mehr. Einer von uns muss zum Frühstück."

Am Vormittag schlenderten sie auf St. Thomas durch die kleine Hafenstadt. Das war schon USA. Hier gab es keine Schrebergartenhäuser. Sie sahen ein großes Mädchenkolleg mit schwarzen Schülerinnen in weißer Schuluniform, einen Supermarkt mit vierundzwanzig Kassen, besetzt davon nur vier, aber „opened 24 hours", ein Kaufhaus, das jeder deutschen Mittelstadt zur Ehre gereichte, ein Ladenstraßenviertel mit Boutique an Boutique und überall der Hinweis: Alle Preise 10-20 % unter US-Niveau.

„Wo kommen die Käufer her?", wunderte sich Tamara. – „Von den Schiffen", antwortete Bernd. Sie schaute, rechnete und verglich. Er hätte lieber erkundet, ob das eine reine Mädchenschule war, oder wie abseits die Häuser aussahen. Tamara zog ihn vor die Schaufenster. „Interessieren dich die Preise nicht?" – „Ich will nichts kaufen." – „Einen Kaufmann interessieren Preise. Warst du schon immer Kaufmann?" – Die locker gestellte Frage verfing. In dürren Worten erzählte er, dass er als Offizier gedient hat, an eine Hochschule geraten ist – bis die Wende kam.

Also doch! Da war die heimliche Story. Ihn nicht verprellen, damit er aus seinem Schneckenhaus kriecht! Sie tat, als interessiere sie das nur nebenbei, wollte seine Meinung zu einem Goldring mit eingefasstem Diamanten wissen ... – „Uninteressant", sagte er, froh, dass ihr Interesse an ihm erlosch. „Kein Geschenk für unsere Gehaltsgruppe." – Da habe er leider recht. Wie ging es nach der Wende weiter? – Er stöhnte innerlich, es half nichts. Bald wusste sie vom verlorenen Lebenstraum als Dozent und dem Neubeginn.

Schlendernd verließen sie das Viertel, lehnten sich auf eine Brüstung neben der Hafenmauer und schauten auf die enge Bucht. Eingerahmt von Vorgebirgen, spannte sich der Himmel weiß über der grünen See. Wasser brackte an rostigen Booten. Die Karibik strahlt nicht nur in blendenden Farben, sie hat auch Bettler, vermüllte Straßengräben und Schrottautos. Zum ersten Mal hörte Tamara, wie es Menschen zur Wende erging. Für sie war der Osten nur Sprungbett zur Haus- und Marktbesitzerin.

Bernd sprach sich frei. Tamaras Aufmerksamkeit tat gut. Räumlicher Abstand löste Gedanken. – Nie habe er sich vorstellen können, im Kapitalismus zu leben. Das Schicksal hat ihn auf die Unternehmerseite gespült. Er wollte Menschen nacheifern, die Gutes schufen, sprach von der Fuggerfamilie, die in Augsburg erste Sozialwohnungen baute, von Barbara Utmann aus dem Erzgebirge, die den verarmten Bergleuten die Posamentenindustrie als Ersatz für den Silberbergbau brachte. Ihr Wirken sollte auch seine Richtung werden.

Tamara hatte noch nie von einer Fuggerfamilie, von Barbara Utmann gehört. Er meinte wohl, was sie „die soziale Ader" nannte. Die zahlt sich nicht aus. Zum Erwidern schien es ihr zu früh. „Wie viele Verkäuferinnen hast du?" – Es waren zwanzig und er musste entlassen. „Weißt du, wie ich mir vorkam?" – Dann brach aus ihm heraus: „Das waren meine Kollegen! Aber – ich musste so handeln, sonst gäbe es den Laden nicht mehr."

Er fühlt sich schuldig, dachte Tamara. Das passt zu ihm. Er ist ein Träumer, kein Kaufmann. Er müsste die Seite richtig wechseln. Aber das kann er nicht. Dazu müsste er kalt sein. Nur eiskalt kommt man voran. Sie war bestimmt nicht so klug wie er. Aber sie kam voran, war stolz darauf. Verstand er das? – Bernd schwieg. – Tamara wusste nichts zu erwidern. Ihre Worte konnte er falsch verstehen. Sternenweit lagen sie auseinander.

„Du bist so still?" – „Ich hätte nie gedacht, dass das bei euch im Osten so kompliziert ist." Das war gut gegangen. „Wir müssen etwas zu essen finden. Der Nachmittag soll anstrengend werden." Sie zwinkerte ihm lustig zu. – „Hast recht. Suchen wir." Bernd umfasste ihre Schultern und schob mit ihr ab, weg vom Hafen zum Zentrum der kleinen Stadt.

Frisch gestärkt von McDonalds Fast Food, betraten sie eine kleine Landungsbrücke. „Atlantis submarines" lasen sie auf dem Plakat. – „Na, ihr Nachzügler", rief Thomas. „Habt ihr ordentlich gelernt, wenn ihr schon als letzte zur großen Prüfung kommt?" – Bernd salutierte: „Jawohl, Besatzung drei Mann, Passagiere sechsundvierzig, Tauchtiefe dreißig ..." – „Danke, ..." – Schmunzeln, die Frauen stecken die Köpfe zusammen, Schaufenster bereden.

Jürgen nahm Bernd zur Seite. „Interessant, was Sie gestern erzählt haben. Gestatten Sie eine Frage: Was nahm Ihre Bank als Sicherheit? Sie hatten doch keine." – Bernd nannte die neue Ladeneinrichtung, Warenbestand, den „Wartburg". – „Erstaunlich. Bei uns hätten Sie für Ihren Anfang keine Chance gehabt." – Nun staunte Bernd.

Ein Boot brachte sie zu einer kleinen Insel. Zeitgleich mit ihnen legte dort am Steg das Tauchboot an. Im kurzen Aufbau auf dem mit Gitter bewehrtem Deck erschienen ihre Vorgänger mit gebeugtem Kopf. Der Schiffsführer winkte. Bernd querte den Steg und blickte zurück. Tamara folgte, Gisela zaudernd, Jürgen zügig. Bernd kletterte die enge Treppe hinunter, unten viel Raum, Bullaugen, vorn ein Panoramafenster, enge Sitze für die Passagiere.

Tamara rückte nah an Bernd heran. „Na, du U-Boot-Fahrer, ist dir auch mulmig?" – Spontan wollte Bernd sie umfassen, ließ es. „Es sind schon Tausende wie wir gefahren." Um sie abzulenken, sprach er, er könne sich nicht vorstellen, wie für die paar Meter unter Wasser ein solch reich bestücktes Cockpit gebraucht würde. „Sind technikverliebt, die Amis. Es muss ein Sensor sein, wo es ein Schalter oder Druckknopf auch tut." – „Wenn die ersten Menschen so gedacht hätten, wären wir heute noch beim Faustkeil. Mit dem kann man alles: Schneiden, Bohren, Sägen. Nein, die ungeduldigen Menschen erfinden Messer, Schere, Bohrer, Säge. Warum eigentlich?" – Oh, das Ablenkungsmanöver ging daneben! Laut sagte er: „Kluges Mädchen! Wo du recht hast, hast du recht." Und lachte sie an. – Sie lachte zurück. Dieses Lachen empfanden sie dankbar. Seit ihrem Gespräch am Hafen verspürten sie einen Hauch von Eiszeit. Nun schien es wieder wärmer zu werden im Tauchboot „Atlantis".

Unmerklich löste es sich, glitt sacht am abfallenden Grund hinab. Fische sahen sie kaum, Büsche, Felsen und Steine säumten ihren Weg. Sand auf dem Grund wich zylinderförmigen Korallen und solchen, die Straußenfedern glichen. Rot verschwand, auch auf Kleidung oder Haut im Inneren. Fische versteckten sich in Korallen. Andere huschten in Schwärmen um die Stöcke, abenteuerliche Formen, die Schwerkraft schien für sie nicht zu gelten. Fächerähnliche, zarte Korallen bogen sich in sanfter Strömung. Schwarze Fische mit weißem Band mischten sich mit regenbogenfarbenen. Ein Fisch bewegte seine Schwanzflosse einem Propeller gleich.

Das Boot verließ den Grund, kurvte durch Korallen. Die rote Farbe kehrte zurück. Fische versammelten sich vor ihnen, das Wasser schien zu kochen. Eine Nixe mit Tauchgerät schwamm langsam das Boot entlang, graziös streute sie Futter, verfolgt von Fischschwärmen und den bewundernden Blicken der Männer. Dann ließ sie viele kleine Bläschen steigen und verlor sich hinter weißen Korallenstöcken mit lang wedelnden, zarten Fächern.

Ihr Boot glitt wieder tiefer. Ein Wrack schälte sich aus Sand und Korallen. Schildkröten lagen herum, stiegen nach oben, anfangs behäbig, schossen sie pfeilschnell los. Das Boot stieg auf, neue Fischschwärme umgaben sie. Auf dem Sand des ansteigenden Grundes lagen stachlige, braune Kugeln. Die Korallen wechselten zu tiefroter Farbe. Ihre Fahrt ging zu Ende. Niemand hatte erläutert, für die „Germans" gab es keinen Erklärer. Sie vermissten es nicht. Wer hätte noch davon gewusst, wenn sie wieder die enge Leiter empor steigen? Sie erlebten eine bunte Zauberwelt in der Stille dieses leisen U-Bootes.

Mitten in der Nacht wurde Bernd munter. Er sah in Tamaras große Augen. – „Du hast unruhig geschlafen. Ein schwerer Traum?" – Ja, das war er. – „Erzähle ihn. Das erleichtert." – Konnte er ihn erzählen? Er sah Suse. Der Traum zerrann, nur die Beängstigung blieb. Er schwieg. – Tamaras Hand strich über seine Stirn, die Haare, streichelte zart sein Gesicht. – Bernd staunte. So kannte er sie nicht. Aufgewühlt, wild, süchtig nach Lust hat sie bisher geliebt. Gab es auch eine innige Tamara?

Er muss sich ja zerrissen fühlen, ist doch so einfach gestrickt! Ich will ihn doch seiner Frau gar nicht wegnehmen, nur einmal bei ihm ausruhen. Gern werde ich mich seiner erinnern. Einmal wollte ich mich anlehnen können – und er war da.

Was wusste er von ihr? Erschreckend wenig, verglich er, was er schon von sich erzählt hat.

Tamaras Hand glitt beruhigend über seine Wangen, den Kopf und den Hals. Bernd lag still, genoss eine unbekannte Tamara. Sie war ihm Abenteuer gewesen, aufregend. Jetzt spürte er eine verständnisvolle Frau. Die könnte ihm gefährlich werden. Er wollte sie als attraktive, leichtfertige Verführerin sehen. War sie das nicht? Er schlug die Augen auf. „Erzähle mir von dir. Ich weiß viel zu wenig über dich."

Natürlich. Sie kann auch frei sprechen. Denn nach der Landung ist alles vorbei. – Nahe der weißrussischen Grenze, in „Erzpolen", ist sie aufgewachsen. Man sprach deutsch zu Hause, polnisch auf dem Markt und russisch auf dem Feld. Neunzehnhundertfünfundvierzig musste sich die Familie entscheiden. Ihr Dorf lag westlich des Bug, Tamaras Vater entschied: Ab jetzt sind wir Polen. So konnten sie im Haus bleiben.

Aber Tamara wollte weg aus dieser von Gott verlassenen Gegend, in der am Markttag alles erstarb, Panjewagen zur großen Wiese hinter dem Kirchhof rollten. Sie wollte weg aus diesem Familienhaus, das doch schon einen eigenem Brunnen besaß und ein richtiges, europäisches Klosett. Nur – das Toilettenpapier war gebraucht in einen Eimer zu werfen, der Wasserdruck reichte nicht. Der Eimer wurde im Garten vergraben. Früh begriff sie, dass sie nur mit Studium wegkommen kann, lernte in Breslau Lehrerin für Deutsch und Russisch. Absolventen gingen auch in Dörfer an den Bug. Das wollte sie nicht. Katholisch erzogen, war für sie unumstößlich, dass die Frau dem Mann zu folgen habe. Heirate einen Deutschen! Sie strebte nach Deutschland, fuhr in ostdeutsche Ferienlager. Polnische Freier ließ sie wissen, dass sie tief gläubig sei und als Jungfrau in die Ehe gehe. Das half.

Endlich kam der rechte Deutsche bei einem Studentenaustausch in Leipzig. Nur – er war aus einem Dorf bei München. Selber streng katholisch, hat er ihren Entschluss geachtet. Tamara wollte nicht bleiben, was sie vorgab, zu sein, schnell hat sie geheiratet. Zwei Jahre musste sie ihr Studium abarbeiten. Dann zog sie zu ihrem deutschen Mann ins tiefe Bayern. An den Bug fuhr sie jetzt gerne – zu Besuch.

Sie lagen auf der Seite, die Gesichter einander zugewandt. Sie fühlten sich wohl, eingehüllt in eine Wolke Ehrlichkeit. – „Darum musste es ein deutscher Mann sein ...“ – Ja, darum. Aber konnte sie allen diese lange Geschichte erzählen? Denn im Dorf ihres Mannes fiel sie auf. Dass sie katholisch, jungfräulich bis zur Ehe sei, von ihrem Mann gerühmt, brachte ihr zweifelnde Hochachtung ein. Spaßig sollte es klingen, als sie das erste Mal die Frage beantwortete, warum sie keinen Polen nahm. Man lachte, aber man glaubte auch, passte es doch ins Klischee. Als sie das merkte, war ihr unbehaglich. Sie gewöhnte sich daran, tat doch niemand weh mit der kleinen Lüge.

Nun sei ihre Kehle trocken. Wann redet man schon einmal so lange hintereinander?

Bernd stieg aus dem Bett und hockte sich vor den Kühlschrank. Tamara sah das Licht durch die geöffnete Tür auf seinen nackten Körper springen. Seine Brustmuskeln bewegten sich, an den Seiten ließen Licht und Schatten elastisch seine Haut arbeiten, während er in den erleuchteten Fächern suchte. Sein kleiner Bauchansatz ließ ihn kuschelig erscheinen. Er fand die Rotweinflasche, richtete sich auf und drehte sich ihr zu, die Flasche präsentierend. – Ihre Augen wurden von seiner schnellen Bewegung überrascht, blieben in gleicher Höhe. Ganz anderes als die Flasche präsentierte sich vor ihr, seitlich angestrahlt vom Kühlschranklicht und sehr plastisch. Es gefiel ihr gut.

Im zwielichtigen Dunkel spürte Bernd, wo Tamaras Blick hängen blieb. – „Ist es der richtige?", fragte er, meinte den Wein. – „Ja", sprach sie, ohne aufzusehen. – Er drehte sich, griff nach Gläsern und füllte sie. Machtlos war er zu verhindern, was sich unter ihrem Blick regte. Er reichte ihr ein Glas. Wieder sahen sie sich in die Augen. Sie nahmen sich viel Zeit.

Erinnerung führte Tamara in das enge Zimmer im bayrischen Dorf. Zwielicht im Dunkel, damals stand dort der Mann, der sie aus Polen holte. Verrückt war sie gewesen vor langer, selbst auferlegter Enthaltsamkeit, ihre Leidenschaft erdrückte ihn. Seine Kraft hielt der ihren nicht stand. Sie war zu dumm, das zu begreifen – er machtlos, das zu ändern.

Nun war sie reifer, dieser Mann ihr gewachsen. Alles genossen sie langsam. Es endet bald.

Bye, Bye, Horizon!

Aus dem Busfenster wirkte San Juan wie bisher gesehene Städte, nur größer. Es gilt als heimliche Hauptstadt der Karibik. Kubanische Städte sind noch größer. Doch Puerto Rico ist schon halb USA. Wer zählt schon Kuba?

In Operettenuniform empfing sie ein Page mit den Gesten eines Feldwebels. Redeschwall wehrte einem Gast, seinen Koffer selbst zu tragen. Hübsche, junge Mädchen in schwarzen, kurzen Kleidchen und weißen, gestärkten Schürzen schoben ihr Gepäck auf hohen Kofferträgern ins „El San Juan Hotel & Casino". Sie glichen sich alle mit krausen, schwarzen Haaren, tiefroten Lippen und feurigem Augenausdruck. – Kreolen, später werden sie ihnen begegnen – mit Stammbaum fast bis zu Christof Kolumbus.

In der Empfangshalle blieben sie unschlüssig auf Marmor stehen, ein prächtiges Museum mit riesigen Lüstern eines Fürstenschlosses. Eine runde Bar prunkte mit poliertem Marmor und glänzendem Stahl. Ein Barmixer schüttelte Drinks. Einzelne Gäste nahmen kaum Notiz.

Das war kein Museum. Dies war lebendige Gastlichkeit, seit Jahrhunderten gewachsen, stets zurückhaltend angepasst dem Stil vornehmen Reichtums. Überall standen in kunstvollen

Töpfen tropische Bäume, und vieles erinnerte an die karibische Nacht auf dem Schiff. Hier waren die Piraten und Montezumas aus tropischem Edelholz geschnitzt. Manche Figur, in Deutschland der Stolz eines Museums, stand als Dekoration und Raumteiler.

Hier werden sie sieben Tage wohnen. Wow, das wollte verkraftet sein.

Sie räumten ihre Koffer in die Zimmer, aßen zu Mittag und trafen sich zur Stadtrundfahrt. Unterwegs erläuterte die Reiseleiterin, in welchen Vierteln man Spanisch und wo man Englisch spricht. In der Altstadt zeigte sie, wo die Kathedrale sei, deutete auf einen schmucklosen Bau: „... vor dem Außenministerium treffen wir uns wieder." Sie standen auf einem kleinen alten Marktplatz. – „Ich habe genug von Kultur, will einen Kaffee trinken. Willst du in die alte Kirche?" – Bernd mochte katholische Kirchen nicht. Vor ihrem Prunk beschlich ihn ein zwiespältiges Gefühl zwischen Achtung vor den Künstlern und der Verschwendung für eine Illusion. Aber das konnte er nicht sagen. Wozu auch?

Tamara fühlte sich in eine südspanische Kleinstadt versetzt. Der halbe Markt war voll mit Stühlen und Tischen, zwischen denen Kellner wedelten, die andere Hälfte voller Buden und Stände. Kleine Gässchen führten in geheimnisvolle Tiefen, überwölbt von schmückenden Brücken, Leinen mit flatternder Wäsche und bewacht von furchteinflößenden Wasserspeiern.

Unter einen Sonnenschirm genossen sie Halbschatten und streckten die Beine von sich. Hier empfanden sie die Schwüle weniger belastend als auf dem Meer. Bewirkten die Steinbauten, die Sonnenlicht aufsogen und wieder abgaben, dass die Luft hier trocken und erträglich schien? Behäbigkeit und Temperament eines fremden Völkchens umgaben sie.

Bernd entdeckte Unterschiede bei den jungen, hübschen Kreolinnen. Auch hier gibt es Fülligere und Schlankere, dachte er. – „Hey", rief Tamara. „Wo hast du deine Augen? Hier sitze ich, du Schwerenöter!" – Bernd tat ertappt, schlug schamvoll die Augen nieder. Dann glühte er Tamara an, streifte die Sandale ab und fuhr mit der bloßen Zehe langsam ihr Bein hinauf. – „Das ist der Beweis", glühte Tamara zurück. „Warst mir untreu in Gedanken, hast gesündigt, du Schlimmer. Nein", schrie sie verhalten auf. „Bist du verrückt, nicht so weit!" Sie gurrte. „Hör auf!" – „Eine Bedingung! Erzähle weiter, wo du gestern aufgehört hast."

Tamara erinnerte sich gut. Sie hatten sich eine schöne private Abschiedsfeier gegönnt. Keine Wünsche waren offen geblieben. Das war der Unterschied zwischen dem Mann gestern in der

Kabine und dem Mann früher im engen, bayrischen Zimmer. – So viel blieb er ihr schuldig! Er hat als Lehrer gearbeitet, wie er gelernt, doch die deutsche Schulordnung kennt keinen pädagogischen Magister. Tamara besann sich, was sie konnte, entdeckte Trödelmärkte. Argwöhnische Blicke glommen in ihrem Rücken. Auf einer Party hat sie sich zum Kartenlegen verleiten lassen, gesagt, man müsse daran glauben – ein Ritual. In Bayern nahmen das die Leute ernst. Bald hieß sie „die Zigeunerin". In alten Zeiten hätte man sie mit ihren langen, schwarzen Haaren in die Hexenecke gestellt. Ihr Mann hat sein beleidigtes männliches Ego gepflegt, stand beim Dorfgerede nicht hinter ihr. Die Geburt der ersten Tochter hat nichts geändert. Sie liebte ihn wirklich, wollte nicht bloß raus aus Polen. – Sie haben sich immer schlechter verstanden. Er griff nach diesem Strohhalm, ihr die Schuld zu geben.

Eines Tages ging ihr das Temperament durch. Da war der Kaufmann aus Frankfurt, der die Trödelplätze ausrichtete. Lange schon bedrängte er sie. Sie hat ihre kleine Tochter vor sich auf den Arm genommen und gesagt: Du kannst mich haben, aber für immer, wenn du mich sofort mitnimmst nach Frankfurt, mich und meine kleine Tochter. Sie hatte nur an eine Anmache geglaubt. Doch hat sie sich schnell in Frankfurt wiedergefunden als seine Frau und Mitherrin über drei Märkte in eigenen Häusern und Platzherrin einer Trödelmarkttour. Einen schlimmen Rosenkrieg hat sie im Dorf gegen ihren Ex noch bestehen müssen. Nach dem letzten Scheidungstermin hat sie alle Reifen seines Autos vor dem Gerichtsgebäude zerstochen. Danach war ihr leichter.

Die neue Ehe ließ sich besser an. Er übergab ihr seinen schlechtesten Markt, staunte, als er bald den meisten Gewinn abwarf. Erst war er stolz, später wuchs Neid. Sie handelte besser, das ertrug er nicht. Wieder stand ein Rosenkrieg ins Haus. Doch diesmal schied sie nicht mit leeren Händen. Jetzt besaß sie zwei Kinder, ein Haus, einen Markt und – stand allein. Und wollte es bleiben. Sie habe genug von Männern und ewiger Liebe. Versteht er das?

Ihre Augen fanden sich wieder. Tamara las viel Verständnis und ganz wenig Zweifel. Woran er zweifeln mochte, war ihr gleich. Sie war ihm dankbar, ihre Last lag abgeworfen auf dem Marktplatz von San Juan. Mochte er nicht alles glauben. Was schert sie das? „Darauf brauche ich etwas Alkoholisches." – „Nimm einen Bacardi. Der passt. Ich brauche ihn auch." Das ist ihre ehrliche Sicht, dachte Bernd. Aber Bernd war nicht nur verliebt in Tamara. Er war auch Mann und fühlte solidarisch mit den beiden Männern. Der Eine holte sie aus Polen – sie bringt ihn ins Gerede seines Dorfes. Der Andere tröstet sie, teilt seine Arbeit mit ihr und sie –

nimmt ihm von seinem Besitz. Beiden nimmt sie die Kinder. Irgendwo dazwischen liegt die Wahrheit: Was er jetzt denkt, was sie erzählt. Hat er das Recht, Schiedsrichter zu sein?

Tamara stellte ihr Bein dicht neben seines. Er war versucht, zurück zu zucken. Ließ es. – „Trink", sprach sie. „Antworte nichts. Ich bin, wie ich bin, mich ändert keiner. Du hast mich sprechen lassen. Danke!"

Bernd schaute in ihre Augen, sah ihre Kraft. Er betrachtete ihr Haar, fuhr mit den Augen fast zärtlich an ihrem Hals entlang, die Schultern herab zu ihren Brüsten, die er unter der dünnen Seidenbluse ahnte. Er wusste, mit ihnen umzugehen. Dieses Vollblutweib war sein. – Er stürzte den Bacardi, wollte nicht weiter denken, nicht weiter fühlen. „Komm", sagte er in fragende Augen. „Der Bus wird schon warten." Warum kratzt meine Stimme so? Ich bin doch keine siebzehn mehr.

Sie bahnten sich zwischen Tischen und Buden ihren Weg. – Was ist in ihn gefahren, fragte sich Tamara. Sie ahnte es, schob es weg. Sie war stolz auf ihren Kavalier, so stolz. – Sie sprachen nicht mehr viel an diesem Tag. Im Flur stellten sie verwundert fest: Ihre Zimmer lagen nebeneinander. Zufall? Hat einer etwas gemerkt? Daran gedreht? Fragen verbot sich.

Sie liebten sich sehr in dieser ersten Nacht im „El San Juan Hotel & Casino".

Am hellen Vormittag betraten sie den Fahrstuhl. – Das war wohl der erste Aufzug der Karibik, dafür heute noch der teuerste, sagte Bernd, wies auf die ziselierten Spiegel, die erlesenen Hölzer mit Ornamenten, dem Gobelin an der Seite – ein Kleinod der Innenarchitektur und dabei nur eine simple Fahrstuhlkabine. Am Frühstücksbüfett trafen sie niemand mehr. Die Anderen waren ausgeschwärmt, San Juan zu entdecken auf eigene Faust.

Tamara schaute auf die Pools, Liegestühle standen herum. Eine Bar ohne Gäste wirkt verloren, davor im Wasser Sitze, Tische – Fantasien stiegen in ihr auf. Sie träumte, im Wasser zu sitzen, den Strohhalm im Drink, zu schlürfen, sich zu drehen, ins Wasser gleiten, abtauchen, zurückkehren ... – „Lass uns im Hotel bleiben, Bernd. Es ist so groß, fast wie das Schiff. Ich will schwimmen, baden im Atlantik. Wir sind doch auf der Atlantikseite, oder?" – Warum nicht, dachte Bernd. Nichts läuft uns fort. „Ja, sind wir. Mal sehen, ob das Wasser kühler ist." – Bei ihren letzten Bissen betrachteten sie noch das Kunstwerk des Büfetts mit seinen Tafelaufsätzen, Früchten, Blüten und Kerzen. Langsam gewöhnten sie sich daran, dass in diesem Hotel mehr noch als auf der Horizon auch die simpelste Sache nur vom Feinsten war.

Sie durchstreiften die vielgestaltige Badeanlage. Rund um die Pools entdeckten sie kleine Appartements mit Balkon und Whirlpool. In einer romantischen Teichlandschaft schwammen sie durch Grotten und Wasserfälle, bummelten zum Strand, nahmen sich Liegestühle und dösten, schwammen und dösten wieder. Von der Snack-Bar am Pool holte Bernd Hamburger und Hotdogs. Am Nachmittag erfüllte sich Tamara ihren Traum vom Frühstückstisch, schlürfte Pina Colada im Pool und schaute Bernd verliebt in die Augen. Der Gedanke wuchs, dass er mehr als ein Abenteuer sein könne.

Am Abend wollten sie die Restaurants und Bars im Haus beschnuppern. Ein Kellner hielt sie auf, sie verstanden: Eine Hochzeit mit tausend Gästen, nur das Kasino sei noch frei. – „Willst du spielen?", fragte Tamara. – „Kein Gedanke. Aber Gucken." – Sie stießen die Flügeltür auf. Die Horizon ließ grüßen: Die Pracht ringsum war größer, auch hier viele Lüster, aber das kannten sie schon. An Roulette-Tischen standen und saßen Spieler, hörten die Croupiers sagen: „Rien va plue!" Einarmige Banditen surrten und klingelten. An den Tischen für Black Jack schwirrten die Karten über grünes Tuch.

Tamara zog das Roulette magisch an. Sie merkte bald: Das Spiel glich dem Tischroulette, das man mit Kindern spielt. Hier setzen vornehme Erwachsene Spielmarken und strichen sie ein – gleichmütig, lächelnd – undenkbar, dass hier einer die Pistole zieht und seinem Leben ein Ende setzt. Angespannte Ruhe herrschte in dem großen Saal. Einarmige Banditen störten mit aufdringlichem Klingeln, die kurzen Rufe der Croupiers gehörten dazu.

Bernd erinnerte sich eines Nachmittags mit seinen Kindern und ihren Freunden. Tränen gab es und Jubel, wie es sich für ein Spiel gehört. Dann spielte er ganz allein systematisch, überlegte: Wenn er nur Rot und Schwarz, Gerade oder Ungerade nutzte, den Einsatz bei Verlust verdoppelt, bei Gewinn die Hälfte stehen ließ, musste er auf Dauer gewinnen. Er verbrauchte alle seine Spielmarken. Dann hörte er auf. Für ihn stand fest: Gewinner ist immer nur die Bank. Er wollte das Tamara sagen. Doch sie stand nicht mehr da.

An der kleinen Kasse strich Tamara Jetons ein. Einmal musste sie es „echt" probieren. Bei Kinderspielen hatte sie immer wild drauflos gesetzt. Sie war doch Zigeunerkind und Zigeuner haben Glück, in der Liebe und im Spiel. Sie wollte es versuchen, das Glück. Einmal echt spielen. Das musste sein. Sie wandte sich – und sah in Bernds Gesicht.

„Du hast ...?" – „Ja." – „Wie viel ...?"– „Geht dich nichts an, ist mein Geld. Schau zu, wenn du keinen Mut hast." Sie ging an den Tisch, Bernd folgte ihr. Was sollte er sonst tun?

Stumm standen sie. Bernd urteilte: Sie spielte kein System. Zehnmal setzte sie auf die Neun. Verlor. Dann legte sie den Jeton bei der Neun ins Geviert. Gewann, aber nicht mit der Neun. Legte wieder fünfmal auf die Neun. Verlor, legte wieder ins Geviert. Gewann mit einer anderen Zahl. Er begann zu zweifeln: War das doch System? Die Neun kam. Tamara jubelte. Vorwurfsvolle Blicke trafen sie. – „Na", sagte sie zu ihm. Ihr vorletzter Jeton brachte ihr das Fünfunddreißigfache. – „Hast du alles wieder?", fragte Bernd. – „Sag ich nicht, bringt Unglück." Jetzt mied sie die Neun und alle Zahlen in ihrer Nähe. Willkürlich suchte sie Zahlen, setzte nie mehr als drei Mal hintereinander auf dieselbe, mal im Zweier, mal im Vierer, gewann, verlor – doch langsam gingen ihre Jetons zur Neige. Den letzten schaute sie beschwörend an. „Hast mir schon einmal Glück gebracht. Tu es wieder!", flüsterte sie. Und legte auf die Neun. – „Rien va plue!" – Die Kugel rollte. Neun. Tamara verschluckte ihren Jubel. Graziös nahm sie die Jetons entgegen, als geschehe ihr das alle Tage.

Bernd staunte. Wie schnell sie lernte! Tamara passte zu den Spielern in Ausdruck, Gesten, Kleidung, selbst eine hier geborene Kreolin gäbe sie ab. Keine Stunde brauchte sie für diese Verwandlung. Diese Frau kommt überall zurecht. Sein Superweib! Plötzlich wurde ihm schmerzhaft bewusst: Nur auf Zeit war sie die seine!

„Willst du noch bleiben?" Eine stolze Tamara sah ihn an. – „Du willst aufhören?" – „Ja." – „Hast du gewonnen?" – „Ich gewinne immer. Wusstest du das nicht?" – Und er hatte geglaubt, sie verspiele alles, käme dann erst zu Ende. – „Ich bin ein Gewinner, Bernd, kein Spieler." Sie hängte sich bei ihm ein. „Jetzt gehen wir Hochzeit gucken." – Verrücktes Weib!

Vom hoteleigenem Theater „Tropicoro" tönten gedämpfte Flamenco-Klänge. – „Warten wir", flüsterte Tamara. Sie hörten Beifall – dann öffneten sich die Flügeltüren. Inmitten der vielen Festkleider huschte das Brautpaar vorüber. Kein negrides Gesicht fiel ihnen auf, verwunderlich in dieser toleranten Gesellschaft, in der Rassen nicht wichtig schienen. – Dann verlief sich die Menge in die Bars und Restaurants.

„Nun spiel du mir etwas vor", neckte Tamara. – „Ich wollte einmal ein Kasino sehen", antwortete Bernd. „Ich gehe nicht noch einmal hinein. Es sei denn", schränkte er flirtend ein: „Ich werde verführt." – Sie lächelten sich zu. Doch morgen wollten sie zeitig zum Tauchen am Korallenriff. – „Noch einen Schlaftrunk", bettelte Tamara. – „Aber nur einen", dozierte Bernd, korrigierte sich, als er Tamaras lustige Augen sah.

In den Bus stiegen sie als Erste und nahmen die vorderen Sitze. Eine Wienerin sprach über Land und Leute. Baseball kam mit den Nordamerikanern, Fußball gebe es auch. An den langen Ausfallstraßen erblickten sie abenteuerliche Garküchen. Viele Puerto Ricaner seien selbständig, würde man in Europa sagen. Solche Buden werden vererbt. Die Behörden kümmern sich wenig, Steuern gebe es kaum. Es ist alles lockerer, karibisch. Karibisch leicht heiße auch: unzuverlässig. Eine Feier kann länger dauern oder hinzukommen. Dann platzt der Termin eben, oder am Montag wird nicht gearbeitet. Morgen ist auch noch ein Tag.

Der Katamaran empfing sie leuchtend weiß auf grünem Wasser. Auf der Segelfahrt wurde ihnen die Farbigkeit der Karibik wieder bewusst unter Himmelsblau, dessen Leuchtkraft sie fast vergessen hatten. Die Besatzung briet Fisch, schnell bereiteten die schwarzen Jungs das Essen. Es schmeckte ungewohnt, doch nach den ersten Bissen lecker.

Ihre Führerin setzte sich neben sie. Tamara fragte, was sie hierher verschlagen habe. – Ein Praktikum während ihres Dolmetscherstudiums, da ist sie dem begegnet, dem sie seit zwanzig Jahren den Haushalt führt. Sie fliegt alle zwei Jahre nach Wien zu den Eltern, und alle zwei Jahre kommen sie herüber. Europa kenne sie, auch „die Staaten", doch am liebsten sei ihr die Karibik mit ihrer Lebensart. Man stehe anders zur Welt als Europäer oder „Gringos", „Amis" sagt ihr ja. – Unversehens war sie ins „Du" verfallen, ließen es dabei. Sie sei die Mizzi, und sie, das deutsche Ehepaar, seien interessiert an Land und Leute. Das mache sie sympathisch.

Tamara und Bernd sahen sich an. Wozu den Irrtum aufklären? Er hat hier keine Bedeutung. Hier sollten sie tauchen mit Schnorchel und Brille.

Im Tauchboot „Atlantis" erhielten sie einen Vorgeschmack. Dort wurden sie gefahren. Hier lagen sie bäuchlings auf dem Wasser, beobachteten Riff und Fische durch die Brille, atmeten durch den Schnorchel und schwammen den Fischen nach, die unter ihnen ihre Bahnen zogen.

Bald war ihnen nicht genug, diese bunte Unterwasserwelt nur von oben zu sehen. Sie wollten zwischen die weinroten Korallenstöcke tauchen, nach versteckten Fischen Ausschau halten. Also, Atem anhalten, tauchen, bis der Luftvorrat verbraucht ist, mit der letzten Luft das Wasser aus dem Schnorchel pressen, neu einatmen und wieder abtauchen.

Zu Hause zählte Bernd beim Tauchen. Nach der Zwanzig wurde es anstrengend. Bei fünfzehn schwamm er nach oben, bei neunzehn erreichte er die Wasseroberfläche und atmete kräftig aus. Dann zog er Luft ein wie gewohnt. Ein bitter-salziger Geschmack füllte seinen Gaumen. Nimm dich zusammen, rief er sich zur Ordnung. Er hatte die Lunge wieder voll. Aber dieser Geschmack! Unwillkürlich riss er sich Brille samt Schnorchel vom Kopf, atmete tief durch. Dann streifte er sie wieder über. Augenblicklich bezwang ihn der Geschmack des Meerwassers, panikartig riss er beides herunter. – Wieder atmete er tief durch. Wirst doch Herr dieses Gefühls werden! Dir droht keine Gefahr!

Auch der dritte Versuch scheiterte. Entnervt schwamm er an Land. Sorgfältig ließ er das Wasser heraus rinnen, wischte mit Blättern auch die letzten Tropfen ab und legte sich bäuchlings auf das Wasser. Er tauchte und achtete nur wenig auf Korallen und Fische, kam hoch und atmete aus. Beim Einatmen überfiel es ihn wieder. Er kämpfte, tauchte – war sofort wieder oben und riss sich alles vom Kopf.

„Was ist mit dir?", rief Tamara. – Bernd konnte nur prusten. Dieser Geschmack musste heraus, nichts anderes konnte er mehr denken. Als er schwer atmend am Strand stand, dachte er: So ist also Panik! – Er blickte hinaus auf das Wasser. Alle sah er. Sie lagen auf dem Wasser, tauchten ab, tauchten auf, stießen die Luft aus, tauchten ab. Keine Probleme. Nur er, er war machtlos gegen diese sinnlose Reaktion in seinem Kopf.

Er zwang sich, gegen die Panik zu kämpfen – dann gab er auf. Er schwamm bäuchlings und tauchte nur noch in der Nähe. Schade um das schöne Korallenriff, um den ganzen schönen Tag. Auf dem Rückweg blieb er einsilbig. Tamara ließ ihn in Ruhe. Erst als sie beieinander lagen, fragte sie: „Was war beim Tauchen?"

Bernd schämte sich, vor der Welt, vor sich selbst, vor ihr. – „Rede!" – Er hat versagt, sein Wille werde nicht fertig mit diesem bitteren Geschmack. Das sei ihm noch nie geschehen.

Ach du, vom Kopf Gesteuerter! Gefühle sind für dich nur Beiwerk. Nun war dein Kopf unterlegen, und du verstehst das nicht. Ich werde dich auf meine Art trösten. Vielleicht bist du nicht verloren für mich?

Sie fasste zwischen seine Schenkel. „Du tust jetzt gar nichts. Nichts, hörst du? Nichts mit den Armen, nichts mit den Händen!" Seine Männlichkeit regte sich, sie triumphierte: Hilft doch immer! Leise flüsterte sie: „Sei nur Gefühl! Gib dich hin!" Rittlings setzte sie sich auf seine Lenden. Hoch aufgerichtet sah er sie über sich im bleichen Schein der Nacht. Lang fielen ihre schwarzen Haare über die Schultern bis zu ihren Hüften, ihre Haut schimmerte dämmrig und silbern zugleich, ihre Brüste ...

„Mach die Augen zu. Tu nichts, bis ich es erlaube." – Er fühlte sich von ihr umschlossen, von ihrer Freude, ihrer Lust und – ausgeliefert! Er fügte sich, stöhnte, beherrschte sich. Das ging so, bis ihn die Welle forttrug, über den Gipfel schwemmte, und er sich ermattet fragte: Was war das?

Nach Ewigkeiten sah er wieder in ihre Augen. „Wie hast du das gelernt?" – „Mit dir, du Dummer! Bin eine Frau! Ich seh dich, ich fühle, ich liebe. Da denke ich nicht, das kommt einfach so. Das begreifst du nicht, armer Bernd. Nimm es hin!"

Siedend heiß durchfuhren ihn Tamaras Worte. War da ein „ich liebe dich" gewesen? Das wollte er doch nicht – und wäre doch so schön! Wohin mit seinem Aufruhr, der ihn jetzt erfasste? Wohin, wohin? Wohin denn wohl? – Er fiel über sie her. Sie ließ sich überfallen, war gern eine wilde Beute!

Beim Frühstück trafen sie Gisela und Thomas, sprachen über das Korallenriff und vom Tauchen. Bernd blieb einsilbig. – Gisela fragte: „Du bist nicht begeistert?" – Tamara erzählte von Bernds Geschmack im Mund und Reflex im Kopf. „Ich habe ihm danach begreiflich machen können, dass Gefühle manchmal stärker sind als der Kopf." – „Ja", schmunzelte Thomas. „Wo sie recht hat, hat sie recht. Nicht wahr, Gisela?" – Gisela zog die Stirn kraus und sah Thomas tadelnd an. „Menschen sind verschieden. Man kann damit leben." – Bernd wunderte sich und war erleichtert. Er muss sich nicht schämen?

Die Beiden wollten am Stadtrand ein großes Kaufhaus besuchen. Das sei auch Perspektive in Deutschland. Kommen sie mit? – Hier habe er Urlaub, Kaufmann sei er zu Hause, erwiderte

Bernd. – Ja, das verständen sie gut. Dann einen schönen Tag. – Nun saßen sie allein und bedauerten, dass ihre Gruppe kaum noch zusammen kam. Schädlich für die Geselligkeit, gut für sie beide. Verschwörerisch lächelten sie sich an.

„Wir sollten gehen", sagte Bernd. In die Innenstadt wollten sie fahren, irgendwo essen, alte Festungen ansehen. Vielleicht ein Souvenir kaufen, ein besonderes Kleid – man wird sehen. Die Busstation fanden sie schnell, wunderten sich über die einfache Haltetafel, kein Wartehäuschen wie zu Hause, Bussteig gar oder Fahrbahnausbuchtung. Der Bus kam. Aber er fuhr durch, bremste dann doch ab. – „Hat der uns zu spät gesehen?" – „Egal", antwortete Bernd. „Tempo!" – Sie rannten los. Drei Leute hatten gewartet und waren eingestiegen. Nun fuhr er. Schwer atmend schauten sie sich um. Sie entdeckten eine gleiche Haltetafel, nur blau, an ihrem ersten Ort war sie grün. Zufällig wandten sie den Blick zurück. Da stand ein Bus, Leute stiegen aus, Türen klappten. Er fuhr an ihnen vorbei, weg war er. Wieder fuhr ein Bus an ihnen vorbei, fing an zu bremsen. In seiner Fahrtrichtung entdeckte Bernd ein drittes, rotes Halteschild. Ihm fiel es wie Schuppen von den Augen. „Los, Tamara, mir nach!" – Sie preschten los, vergebens. – „Begreife ich nicht", presste Tamara heraus. – „Wir hätten es vorher wissen müssen", jappste Bernd. „Aber wie sollen wir Europäer darauf kommen?" Hier kämpfen drei konkurrierende Gesellschaften um Kunden. Deshalb fuhren sie gleichzeitig, aber mit eigenen Haltestellen. – „Warum sagt uns das keiner", schimpfte Tamara. – „Für die hier ist das normal." – „Blöde Unsitte." – „Marktwirtschaft im Nahverkehr. Sieh es als Lehrvorführung!" – „Darauf hätte ich gern verzichtet. Lunge aus dem Leib gerannt und trotzdem Bus verpasst. Was nun?" – „Laufen", sagte Bernd entschieden. „Soll keiner an uns verdienen!" – Tamara überlegte. Flache Schuhe, leichtes Minikleid. Warum eigentlich nicht?

Eine vierspurige Ausfallstraße gingen sie entlang, Mittelstreifen aus Beton, ab und zu auch schmale grüne Rabatten mit Beeten in der Mitte, lockere Bebauung an den Seiten, kein Stil erkennbar. Ampeln hingen an Seilen hinter einer großen Kreuzung. Ihre Richtung hatte Rot. Ein Auto fuhr auf die Kreuzung zu und blinkte nach rechts, hielt und bog rechts ein. Noch immer zeigte die Ampel jenseits der Kreuzung rot. Andere Fahrzeuge warteten brav. Ein Verkehrssünder? Ein zweiter Fahrer folgte und wartete, bis ein querender Truck ihn abbiegen ließ. – „Andere Länder, andere Sitten", kommentierte Bernd. „So könnte man unseren grünen Pfeil einsparen." – „Dann müsste man aber alle Ampeln versetzen." – „Mac Donald" sah aus wie zu Hause. – An einer schmalen Straße blieb Bernd stehen. „Laut Stadtplan können wir abkürzen." – Ein schmuckes Villenviertel ließ Tamaras Augen leuchteten, sie glaubte sich nach Spanien versetzt. Kreuz und quer gezogene elektrische Leitungen trübten den schönen

Anblick. Kleine Umschaltstationen an Villenwänden wirkten hässlich an diesen idyllischen Gartenhäusern mit ihren schönen Gittern und Erkern.

Höhere Häuser verloren den spanischen Stil. Kleine Geschäfte tauchten auf, waren oft leer. Auf Schaufensterscheiben klebten Streifen: „For sale" und „For rent". Die Straßen wirkten schmutzig, doch hier war mehr Leben. Krausköpfige Halbwüchsige schauten ihnen neugierig hinterher. Sie fielen als Touristen auf. Alle Straßennamen waren spanisch.

„Verzeih, Bernd, wird zu warm." Tamara zog ihre Hand aus seiner. Seit dem missglücktem Buszustieg liefen sie Hand in Hand, gerade wie Verliebte oder alte Ehepaare. – „Das kostet Entschädigung", sagte Bernd und stellte sich vor sie. – „Was denn?" – Er fasste sie an ihren Schultern und küsste sie auf den Mund. „Für die nächsten fünfhundert Meter ohne deine Haut. Dann will ich dich wieder spüren." Solange ich dich noch haben kann, dachte er, verschluckte es. Solche Gedanken taten weh. – Er ist so einfach gestrickt und überrascht mich dennoch. Immer liebenswert, einfach süß, so zarte Gesten. Will ich ihn nicht doch behalten? Nie kamen wir in Streit. Ist er der richtige Deckel auf meinen Topf? Versonnen schaute sie. „Na gut, fünfhundert Meter, keinen Schritt eher. Ich zähle." – Sie lachten sich an, liefen in die breiten Straßen des Stadtzentrums mit eleganten Geschäften, die keine Käufer oder Mieter suchten, englische Straßennamen.

Am Badestrand griff Bernd wieder nach Tamaras Hand. Ein Damm querte die Lagune. Drüben prangten pittoreske Häuserreihen auf flacher Anhöhe. Sie lehnten sich an die Brüstung, freuten sich am Badetreiben der Kinder. – „Du bist eine begnadete Wanderin. Wir sind Stunden unterwegs, hast dich noch nie beklagt." – „Es macht Spaß mit dir. Du siehst so viel. So spüre ich meine Füße nicht."

Sonne flirrte, sanfte Wellen trafen auf Steine, spritzten, verliefen sich gurgelnd, bis die nächste Welle sie verschluckte, hinauf rann zwischen scharfe Kanten. Schaumblasen kräuselten und zergingen wieder. Kinderrufe zerschnitten die Luft, quietschten und lachten.

Ihre Augen versenkten sich ineinander. – „Erkunden wir die Altstadt", endete Bernd beginnende Schwermut. Sie fassten sich, schwangen ihre Arme und stiefelten in romantische Häuserzeilen. San Juan ist eine planmäßig angelegte Kolonialstadt, der „Reiche Hafen" oder „Puerto Rico", wie die Stadt zunächst hieß, bis man die Namen der Stadt und der Insel getauscht hat. Die Spanier haben ihre wichtigste Stadt der Karibik durch zwei mächtige

Festungen geschützt. Das mussten sie. Von hier hat der Passat ihre Silberflotte am schnellsten nach Spanien getrieben. Hier griffen Niederländer, Franzosen, Engländer immer wieder an. Doch die Seefestung an der Spitze der Halbinsel wies sie alle ab. Da ist der Herzog von Cumberland in ihrem Rücken gelandet. Erst nach einem Jahr gelang es, ihn zu verjagen. Dort entstand die zweite Festung „San Cristobal". An das vergossene Blut dachte Tamara, als sie die dunklen Kasematten des „Castillo San Felipe del Morro" durchschritten, die Kanonen auf den Wällen betrachteten und herunter blickten auf „La Corunja", „Das Kanönchen", eine kleine Bastion auf der anderen Seite der Hafeneinfahrt. Beide dachten an die Panzerhemden und Schilde, welche die Soldaten in dieser schwülen Hitze trugen, die schweren Hellebarden und Schwerter, die sie führten, den Feind zu schlagen und freuten sich dankbar ihrer friedlichen Zeit. Ein Glück, welches selten ist in der Geschichte.

Für die Rückfahrt erinnerten sie sich des „Schedule" ihres Hotels. Ein Bus-„Shuttle" fuhr in die Stadt. Sie fanden die Haltestelle, wiesen ihre Hotelkarte vor und tranken den an Bord servierten Drink: Pina Colada. Ihr Unmut auf die hiesigen öffentlichen Verkehrsmittel verflog.

In den nächsten Tagen sahen sie noch viel von Puerto Rico. Immer begleitete sie Mizzi. Auf der Fahrt zu einer Kaffeeplantage erblickten sie überrascht eine „Demo". – „Wir stehen vor einem Volksentscheid", erläuterte Mizzi. Regelmäßig stimmt man ab: Soll Puerto Rico den USA beitreten als einundfünfzigster Staat oder soll alles so bleiben? Bis jetzt wählte eine knappe Mehrheit immer den alten Zustand.

Vor einem wunderschönen Wasserfall sprach Mizzi von den Sorgen der Wissenschaftler nach dem verheerenden Hurrikan vor einigen Jahren. So viele Bäume brachen, große Lichtungen ließen Sorge aufkommen, ob der Regenwald das überlebt. Dann grünte, wo vorher tote Hölzer traurig ragten. Man begriff, die Hurrikane gehören in den tropischen Kreislauf.

Sie fuhren nach Ponce, der alten Hauptstadt. Tamara freute sich an den spanischen Häusern mit ziselierten Veranden auf der Straßenseite! Sie spürte förmlich, wie dort, geschützt vor zudringlichen Blicken, feurige Senoritas auf ihren Balkonen saßen, über die Straße hinweg schwatzten und abends die Kavaliere unten zur Gitarre sangen. Spitzentücher zeigten Erfolg oder der Sänger Schmach. „Das ist ja spanischer als Spanien selbst", sprach sie begeistert.

Er empfand die Feuerwehr als Attraktion. Wo gibt es ein Feuerwehrhaus aus schwarzen und roten Backsteinen, gebaut wie eine Moschee? Alte Löschfahrzeuge, Bilder von Feuerwehrhauptleuten und Besatzungen, eine schaurige Geschichte aus dem Ersten Weltkrieg: Man habe ein deutsches U-Boot gesichtet. Kein Soldat auf der Insel, da besetzte die tapfere Feuerwehr von Ponce die Ufer, den Feind zu hindern an der Landung. Die deutsche U-Boot-Besatzung muss beeindruckt gewesen sein. Von einer Landung weiß niemand. Ob ein deutsches U-Boot in der Nähe war, ist auch so sicher nicht.

Die Menschen brauchen ihre Helden. Nie gab es Krieg auf dieser karibischen Seite der Insel, nie passierte Aufregendes. Die Feuerwehr füllte diesen Mangel.

In ihren letzten, gemeinsamen Tagen vergaßen sie, dass es in der Welt noch anderes gab als Ausflüge, ihr Hotel und ihr Zimmer. Bernds Zahnputzbecher stand neben Tamaras Glas.

Ihr letzter Ausflug führte sie in eine Schnapsfabrik. Bernd spottete. Aber Tamara wollte sehen, wie Rum entsteht. Außerdem sei es der letzte Tag mit Mizzi, man könne nicht einfach wegbleiben. Hinter dem Werksführer wanderten sie an großen Stahlbehältern vorüber und sahen von einer Empore hinunter in die Werkhalle. Dort wachten junge Mädchen, dass die Bacardi-Flaschen auf dem Transportband das rechte Etikett erhielten. Sie lachten die Touristen an, die lachten zurück. Amüsiert hörten sie die rührselige Geschichte von der Fledermaus. Der Werksführer trug mit großer Inbrunst vor, wie der fliegende Nager zum Markenzeichen des Rums wurde, die „Philosophie" der Firma prägte. – Man muss sich nur recht wichtig nehmen, dachte Bernd, verkauft das dann als „Marketing". – Schließlich saßen sie mit Mizzi unter einem Zeltdach und tranken Bacardi-Rum. Mizzi bedauerte, dass dies ihre letzte Begegnung sei. Ihre Gruppe sei aufmerksam gewesen, sie beide ganz besonders.

Bernd stellte eine langsam gewachsene Frage: „Was sind die Puertoricaner heute? Wie fühlen sie sich? Als Spanier, Amerikaner, Kariben oder ganz anders?" – Mizzi schaute Bernd aufmerksam an. Das passt zu dem, dass er so fragt. Er verdient Ehrlichkeit.

„Sie empfinden sich als die vergessenen Kinder zweier Kulturen. Spanier können sie nicht mehr sein. Die Nordamerikaner behandeln sie herablassend, deshalb wollen sie keine Gringos werden. Ihr habt die Hochzeit einer Kreolenfamilie gesehen. Es gibt nicht viele solcher Familien. Sie sind die Herren und, das mag für Europäer seltsam klingen, trotz ihres Reichtums nicht losgelöst von den Armen. Die Menschen hier stehen Armut und Reichtum ganz anders gegenüber. Armut ist kein Makel, Reiche werden nicht beneidet. Stolz sind hier alle, auf Reichtum extra stolz, nein, das gehört sich nicht."

Diese Familie erlebte ein spanisches Amerika von San Franzisko im Norden bis Feuerland im Süden. Sie verteidigten sich gegen viele Feinde als Teil Spaniens, aber Spanien machte sie nie zu Gouverneuren. Dafür holte man „echte" Spanier. Das rächte sich, als Napoleon Spanien bedrängte. Aus dem Kampf um Anteil an der Macht wuchs Streben nach Unabhängigkeit. Aus den Vizekönigreichen Mexiko, Neuspanien, Neugranada wurden Republiken. Nur die Inseln der Karibik blieben spanisch. Kreolische Familien sahen mit Sorge, wie im Norden eine neue Macht wuchs: Von Napoleon Louisiana, von Spanien Florida gekauft, wurden die armen Siedler zur karibischen Macht und schielten begehrlich nach Texas, dem mexikanischen Bundesstaat. Sie erlebten, wie die „Gringos" den Mexikanern Texas abluchsten, Kriege führten, das Sternenbanner in San Franzisko hissten. Zur pazifischen Macht geworden, siedelten Pflanzer auf Hawaii. Die Kreolen sorgten sich, ob Spanien sie noch lange schützen könne. 1898 ließen die „Gringos" ihren Kreuzer „Maine" im Hafen von Havanna explodieren. Spanien wollte keinen Krieg. Die moderne amerikanische Flotte schoss die alten spanischen Schiffe zusammen. Die Philippinen und die karibischen Inseln verlor Spanien an die USA.

Mizzi nahm einen Schluck Bacardi. – Bernd staunte über ihr Wissen. Tamara hörte aufmerksam zu. Aus der Karibik sieht man die Welt anders, dachten beide.

Kolonien vor der Haustür passten nicht zum amerikanischen Selbstverständnis. Die Puerto Ricaner erhielten US-Bürgerrechte ohne Wahlrecht, später eine eigene Regierung, wurden formal selbständig, unabhängig nie. Heute ist Puerto Rico mit den USA assoziiert, auf gleichberechtigter Grundlage ein Staatenbund. Das hat für die amerikanischen Konzerne und für die kreolischen Familien Vorteile. Es gibt fast keine Steuern. Die wären als Bundesstaat der USA zu zahlen. Bevor Hawaii der fünfzigste Staat der USA wurde, schien sich nationaler Stolz durchzusetzen. Doch wollte man erst sehen: Was wird aus Hawaii, wenn seine Bürger Kongress und Präsidenten wählen? Man sah: Das ist nicht mehr Hawaii, es war zum beliebigen US-Staat geworden. Das wollen sie nicht. Es werden noch oft Volksentscheide kommen und alles beim Alten bleiben.

„Es scheint ihnen gut zu gehen, nirgendwo sah ich Bettler", warf Bernd ein. – „Das war bis Ende der fünfziger Jahre ganz anders." Dann kam Castro und binnen Kurzem lebten die

Kubaner besser. Den USA fiel ein, dass sie etwas tun müssen für ihren karibischen Hinterhof. Für Kuba die Blockade und Hilfe für die Inseln. Hinzu kam: Die Flugzeuge von Europa erreichten jetzt die Karibik, brachten Touristen. So lohnte sich das Engagement zweifach. Heute ist Kuba Schlusslicht, Puerto Rico Spitze in der Karibik.

Sie tranken Bacardi, mit Coca-Cola gemischt, immer mit Eiswürfeln. – „Nun habt ihr mich genug ausgebeutet. Erzählt etwas von euch!" – Ihr Markt gehe gut, begann Tamara. Sie könne ihn schlecht beschreiben, hier gäbe es nichts Ähnliches, alles sei viel größer. – Mizzi widersprach. Es gab auch kleine Läden, sind verschwunden. Selbst die Ärmsten fahren jetzt Autos. Die Leute kaufen, wo es Parkplätze gibt, bei den Großen. – Während Tamara von ihrem Markt und ihren Sorgen mit den Kunden sprach, fiel Mizzi Bernds Schweigen auf. Führt er denn nicht mit seiner Frau zusammen den Laden? – Schnell durchschaute Mizzi ihr Zögern. – „Man hat Urlaub von Arbeit, Weib und Kind", schmunzelte sie. – Bernd errötete. – Mizzi lachte: „Nur ein rechter Preuße errötet da. Ein hiesiger Senor wäre stolz auf seine schöne Geliebte. Senora muss es nicht wissen. Ein Urlaubsflirt, na und! Was glaubt ihr, wie viel Bastarde in den besten Familien dieses Landes aufwachsen und nicht nur da. Leidenschaft kocht hoch und schnell ist Eifersucht vergessen. Gelegenheit macht Diebe. Schön blöd, wer da nicht stiehlt! So ist das Leben leichter." Sie griff zum Glas. „Macht euch noch eine schöne Nacht! Und vergesst euch auf dem Frankfurter Flughafen. Ce la vie!"

Sie tauschten noch Adressen. Man weiß ja nie.

Einmal wollten sie noch in der Karibik baden. Im Fahrstuhl fasste Bernd Tamaras Hand. Er ließ sie nicht los, während sie durch die Poollandschaft liefen, wo Tamara mit Inbrunst Pina Colada geschlürft hatte. Eine Runde schwammen sie durch die künstlichen Dschungelteiche mit ihren Grotten und Wasserfällen. Sie stöhnten über das heiße Wasser im Whirlpool und schritten wieder Hand in Hand durch das lianengleich umwachsene Tor zum „Beach". Dann planschten sie in dieser riesengroßen, warmen Badewanne. Bernd riss den Mund auf, den bitteren, verhassten Geschmack noch einmal zu spüren – wann würde er ihn wieder schmecken?

Was hier so alles anders war! Hier sagt man einfach: Wegen Fidel Castro geht es den Puerto Ricanern gut. Zu Hause sähe man sie schief an. Dort haben Leute das Sagen, die nicht verstehen, wenn Arme ihre Häuser dort bauen, wo der Boden wegrutscht. Aber die Konzerne sehen auch nicht weiter, jeder Stromanbieter zieht seine eigene Leitung. Dabei kommt der nächste Hurrikan bestimmt und der Strom fällt zuerst aus – unter die Erde bringen sie ihre Leitungen trotzdem nicht. Amis bauen sie, bauen auch Holzhäuser in ihrem eigenen Mittlerem Westen mit Klimaanlage – Verschwendung pur. Da ähneln sie sich, die Amis und die Kreolen: Morgen ist ein neuer Tag, übermorgen gar nicht mehr zu sehen. Das rechte Maß sollten wir finden zwischen der Strenge Deutschlands und der Leichtigkeit und Freundlichkeit dieser Welt. Sie dachten an Mizzis Worte nach ihrer Entdeckung, den Bastarden in karibischen Familien und an das Maß bei allem. Und wussten: Ihr Maß hieß Frankfurt.

Darüber verstummten sie, blickten in den azurblauen Tropenhimmel über dem grünen, weiten Meer. Sie erlebten noch einmal die Farben der Karibik, schauten und bewunderten. Leichtes Verblassen, fast übergangslos wird die Nacht hereinfallen. – „Weißt du noch, unser Sonnenuntergang auf dem Schiff?", erinnerte Tamara leise. – Bernd nickte. Den Sonnenuntergang werden sie hier nicht sehen. Der ist im Westen. Dort am Meer liegt Ponce, mit seinen ziselierten Gittern vor den Balkonen und seiner Beinahe-Moschee als Feuerwehrhaus. Und der Sehnsucht seiner Menschen nach Heldischem. Sie sollten froh sein, keine Helden zu brauchen.

Mit einem Sonnenuntergang begann seine Untreue. Welch großes, dramatisches Wort, dachte Bernd, spottend über sich selbst. – Ganz schnell kamen die Sterne aus dem dunkler werdenden Blau, strahlten vom schwarzen Samt. – Tamara schaute auf ihn und glaubte zu wissen, was er dachte. Ich muss ihn herausholen, den Träumer, den schwermütigen. – „Weißt du, was mir gerade einfällt?" – Bernd drehte sich. – „Wir haben uns noch nie am Strand geliebt."

Sie glitten von ihren Liegen, rollten in den warmen, weichen Sand und streichelten sich zärtlich. Er küsste ihren Mund, ihren Hals. Es gab nur noch sie beide am dunklen Strand von San Juan in dieser ihrer letzten karibischen Nacht.

Im Flieger nach Frankfurt saßen sie nebeneinander. Das Flugzeug stieg steil hoch und verhielt. Sie blickten auf die grüne, fast rechteckige Insel mitten im blauen Meer. Einzelne Wolkenschleier faserten unter ihnen. Der Pilot nahm einen zweiten Anlauf. Die bunten Flecke der Dörfer und Städte verschwanden. Bald füllte das Blau des Meeres das ganze, tief unter ihnen liegende Bild, in dem sich die grüne, kleine Insel immer mehr verlor. Good-bye, San Juan, Good-bye, Puerto Rico!

Bernd schlief ein. – Tamara blickte sinnend auf seinen leicht geöffneten Mund, dachte an seine letzten Küsse. Einen weiteren Abschied wird es nicht geben, höchstens ein letztes, gewinktes „Tschüss!" Machs gut, mein Lieber! Warst mir ein Lieber! Brauchte einen Halt, habe mich an dich gelehnt, und du warst da. Ich komme allein weiter. Immer komme ich alleine weiter. Du wärst mir auch kein Halt, müsste dich herausreißen aus deiner Welt, weg von deiner Wurzel, du wärest schwach, wärst mir Ballast. Wir würden streiten, wie ich zuletzt mit meinem Frankfurter Kaufmann stritt. Deine „soziale Ader", sie taugt nicht, wo ich lebe. Vielleicht auch nicht mehr dort, wo du weiter leben wirst.

Als Bernd die Augen öffnete, sah er einen Fernsehschirm. Ein roter Strich wuchs in eine blaue Wüste. Viel Platz lag vor dem kurzen Strich, dabei lag das Ziel noch gar nicht auf dem Schirm. Er wandte den Blick und sah die schlafende Tamara. Ihr Kopf lehnte an seiner Schulter. Wieder bewunderte er ihre langen, schwarzen Haare. Sein Blick folgte ihnen auf die Schulter, glitt an ihr entlang, tiefer in den spitzen Ausschnitt ihrer Bluse. Dann malte seine Fantasie weiter. Er kannte doch alles an ihr. – Tamara schien seinen Blick zu spüren. Sie ruckte mit dem Kopf, leckte mit der Zunge über die Lippen, schlief ruhig weiter. – Mit dieser Frau warst du deiner Frau untreu. Untreue, sagt man, beginnt im Kopf. Ich habe viel gesehen. Mein Blick ist weiter geworden, auch dank dieser Frau. Ich bin reicher geworden. Untreue kann man auch mit dem Kopf beenden. Habe ich jemand geschadet?

Am Flugsteig in Frankfurt sah Tamara die Frau schon von Weitem. Sie hätte ihr Spiegelbild sein können. Tamara blieb stehen und stellte ihre Koffer ab. Bernd sah das nicht. Er lief weiter auf diese Frau zu. Tamara wusste plötzlich, dass sie sich sehr glichen, die Fremde da und sie selbst. Sie dort hat alles für ihn getan, überredete ihn zu dieser Reise. Sie musste wissen, dass geschehen konnte, was ihm geschah. Und hat ihn trotzdem losgelassen.

Sie hat verloren. Gegen diese Frau verloren. All das andere Reden von Ballast für sie und so war nur tröstende Staffage gegen diese Wahrheit. Doch dieses Gerede beruhigt. Als Schutzschild taugt es ungemein.

Bernd und die Fremde gingen über den Flugsteig davon. Er schaute sich nicht mehr um.

7. Nachbarshilfe

Als er an seinem erstem Urlaubstag erwachte, dachte er: Heute kommt sie ganz sicher.

Nachdem seine Frau und die Kinder gegangen waren, schlief er noch einmal fest ein. Dann war es fast zu spät. Ein kurzes Klingeln überraschte ihn im Bademantel am Frühstückstisch.

„Entschuldige, ich habe noch nicht mit dir gerechnet, denn gestern ..." – Sie hörte gar nicht und sprudelte los: „Ich habe gleich alles wieder mitgebracht, als wenn ich vom Einkauf aus der Stadt käme ..." – Begehrlich blickte er sie an, während sie hastig sprach, den Mantel an die Flurgarderobe hängte, sich wendete und drehte. Ihre Augen tauchten in seinen Blick, sie verstummte, ließ das Einkaufsnetz fallen. Sie küssten sich, standen still aneinander gelehnt. Ihre Zungenspitzen spielten miteinander. Er griff sie ganz fest, und sie drängte mit allen Teilen ihres Körpers an ihn heran.

Atemholend löste sie sich von ihm. Er sagte: „Gestern hatte ich zwei Kognakgläser bereitgestellt. Heute brauchen wir das nicht vorher." – Sie schloss ihm den Mund. Als er sie ins Schlafzimmer schob, stockte sie kurz. – „Wir sind frech." – „Wir sind nicht frech", flüsterte er an ihrem Ohr, „nur hungrig."

Im Kuss zog er ihr Blusenband auf, sie reckte die Arme hoch. Während die Bluse fiel, öffnete sie seinen Bademantel und drängte ihre bloße Brust an die seine. Dann lebten sie nur dem Moment, der Reaktion des Anderen, fanden sich ermattet, wohlig wieder und schauten sich an mit großen glänzenden Augen.

Sie streichelte zart seine Wange. Da regte er sich und fragte: „Sagtest du nicht, dein Mann könne mit dem nächsten Bus kommen, dich zu kontrollieren?" – Sie nickte. Er blickte auf die Uhr. Dann schlüpfte er aus dem Bett und stellte sich hinter die Gardine. An der Haltestelle sah er drei Frauen mit Einkaufsbeuteln warten. – Sie glitt an seinen Rücken und barg den Kopf hinter seiner Schulter. „Wenn er nur nicht so schrecklich eifersüchtig und argwöhnisch wäre." Mit den Lippen seinen Hals streichend, suchte sie die Erinnerung an den Abend vor drei Tagen zu vertreiben, die jäh in ihr aufstieg,

Sie saßen zu dritt am Stubentisch dieser Wohnung. Ihr Kummer lag breit und türmte sich auf der Tischplatte. Tränen traten ihr in die Augen, und sie war ganz machtlos dagegen.

„Jetzt scheiden lassen, fände ich gemein", sagte die Frau des Mannes, der jetzt vor ihr zur Bushaltestelle starrte. „Du bist im schönsten Alter, rammelst dich ab für die Kinder, für ihn. Er vermisst es nicht, ist ja krank, aber du bist doch gesund ..."

Er sah die Tür zusammenklappen, den Bus abfahren und wandte sich langsam um. „Er ist nicht gekommen. Wir haben jetzt viel Zeit. Komm!"

Im Bett kuschelte sie sich an ihn, wollte seine Haut spüren, bewegte den Kopf und küsste, was sie gerade traf. Dann lag sie still. „Du, was tun wir nur?" – Das Wachsen der Frage hatte er gespürt. Nun war es an ihm, sie sanft zu streicheln. – Er erinnerte sich einer Beschreibung des Lebens polynesischer Fischer; sprach zu ihr leise davon, wie sie zum Fischfang hinaus fuhren für Jahre, weg von der heimatlichen Insel. Kommen sie zurück, kann die Frau eines Fischers am Strand stehen mit einem Säugling im Arm. Dann fällt kein Wort darüber, weder von den Nachbarn, noch vom Fischer. Es ist sein Kind, denn seine Frau hat es geboren. „Wir Europäer tun uns halt schwer."

Sie war ja so begierig für jede Tröstung. Dann erzählte sie, erst stockend, dann immer flüssiger: Wie sie gestern vor seiner Tür gestanden hat, sich nicht traute zu klingeln. – Und er hat gewartet. Nach einer Stunde überlegte er einen Vorwand und klingelte bei ihr. – Da war sie vor seiner Tür schon dreimal umgekehrt. Wenn er nicht gekommen wäre – ein viertes Mal hätte es nicht gegeben.

Sie lachten sich an, waren glücklich. Dann floss Dankbarkeit in ihre Hände. Er genoss sie, lag reglos still und spürte sein Begehren wachsen. Er hörte noch in sich die Frage aufsteigen, ob es denn wirklich nichts zu bereuen gäbe. Sie zu verscheuchen, griff er an ihre schwarze Blume. Ihr leises Stöhnen erregte ihn aufs Neue.

Als sie sich voneinander trennten, war es höchste Zeit. Bald werden die Kinder von der Schule kommen. Den Ältesten wird sie zur Apotheke schicken um das Rezept für ihren Mann. Sie stürmte die Treppen hinauf. – Von oben begegnete ihr die Nachbarin. „Sie haben ja Schwung und gute Laune wie lange nicht!" – „Ich kann es auch brauchen", lächelte sie zur Antwort.

Mit einer Spur Bewunderung schaute ihr die Nachbarin nach.

8. Folge einem Stern

Wann wird mein Männe endlich erwachsen? So dachte ich wieder einmal, als ich das Bild sah, welches er auf dem Trödelmarkt gekauft hat.

Es ist ein großer Vorzug meines Mannes, dass er mit mir auf Trödelmärkte geht. Er begleitet mich auch ins Kaufhaus oder zum Supermarkt. Welcher Mann tut das schon? Nein, mein Männe interessiert sich für Mode und kocht mindestens so gut wie ich selbst. Manchmal drängt er mich liebenswürdig aus der Küche und verwöhnt mich mit einem neu aufgeschnappten Gericht.

Wir gingen also über den Trödelmarkt, da tippt er mir auf die Schulter. Er wolle ein Bild kaufen für fünf Euro, ob ich es mir erst ansehen wolle? Kauf's, sagte ich, selbst wenn es mir nicht gefallen sollte, fünf Euro werden wir verschmerzen können. Er brachte es gleich ins Auto. Und ich vergaß es.

Seitdem wir zusammenwohnen, und das sind nun schon Jahrzehnte, frühstücken wir gemeinsam. Danach ging jeder zu seiner Arbeit. Heute trifft das auf ihn wieder zu. Er ging also nach dem Frühstück zur Arbeit, und ich beschloss, auf seinem lange vernachlässigten Computertisch Staub zu wischen. Da lag es. Ein simpler Rahmen, einfaches weißes Papier als Hintergrund, was will man für fünf Euro erwarten, aber dieses Motiv! Mein Männe geht auf die sechzig zu und kauft solch ein Bild! Ich bin dann weiter durch die Wohnung, habe mir angewöhnt, wie in klassischen Zeiten am Freitag „groß reine zu machen".

Als er abends heimkam, fragte ich ihn, was ihm an dem Bild so gefallen habe. Da grinste er hinterhältig, wie ich es lange nicht mehr erlebte und sagte: „Die Margariten!" – „So, die Margariten", staunte ich und suchte einen Reim auf die dumme Antwort und sein Grinsen zu finden. – „Ich habe mich einer Wiese voller Margariten erinnert." Dabei kaute er sein Abendbrot, guckte mich listig an und fügte hinzu: „Ist allerdings schon lange her." – Mein Groschen fiel noch nicht. Beim Abräumen fragte ich, wo er es denn aufhängen wolle. – „Im Schlafzimmer natürlich." – Ich war sprachlos. „Etwa da, wo andere den Elfenreigen zu hängen haben?" – „Genau da!" – Endlich dämmerte es mir. In einer Wiese voller Margariten, Mondschein, nicht weit weg Musik der beiden Jugendgruppen, die sich zum Ende ihres Zelturlaubs gefunden hatten: Wir zwei zum ersten Mal – und jeder zum ersten Mal, dumm, täppisch, tastend. Für mich war es nicht die Erfüllung, das kam erst später, aber ohne die Wiese mit den Margariten hätte es ein Später nicht gegeben.

Wie ich so am Aufwaschtisch stand, die Messer durch das Wasser zog, trat Männe nahe hinter mich und strich mir sanft durch die Haare. – „Hast du aber lange nicht getan", sagte ich und hielt den Kopf still. – „Wir haben manches lange nicht mehr getan. Wir sollten uns erinnern und nichts einschlafen lassen."

Er sprach so anders an diesem Tag, hatte einen lieben Klang in der Stimme. Das bewog mich, gegen meine Gewohnheit ein Glas Wein mit ihm zu trinken. Männe fand unser erstes gemeinsames Fotoalbum ganz hinten im Schrank und dann rätselten wir gemeinsam: Das Bild war vorher, das nachher, nein, das doch vorher ... Wir rückten immer enger aneinander, schauten uns an, er kniff mich recht übermütig – schließlich kriegte er mich doch tatsächlich auf dem Sofa kirre – wir gingen schnell noch ins Bett vorher. So zeigte das Bild erste Wirkung und hing noch gar nicht an dem Platz, wo es hängen sollte.

Am nächsten Morgen briet ich ein paar Eier zusätzlich zum Frühstück. Er merkte es wohl, sagte aber nichts. Ich hatte eingeführt, dass wir nach einem Speiseplan aßen. Sein Bauch wuchs, meine Figur gefiel mir nicht mehr. Ich überzeugte ihn, wir mussten etwas tun, für unsere Gesundheit, unser Aussehen. Schnoddrig, wie alle Männer solchen Dingen gegenüber sind, fügte er sich schließlich. Die Eier also waren außerhalb des Speiseplans. „Musst doch wieder zu Kräften kommen nach der ungewohnten Anstrengung", sagte ich lächelnd. Er quittierte es wieder mit diesem neuen, listigen Blick.

Wie jeden Sonnabend nahmen wir unsere Beutel und gingen zum Fitnessstudio. Früher wollte er das gar nicht. Ich konnte ihn dann aber doch dazu bewegen. Er dürfe sich nicht so hängen lassen und vergangenen Zeiten nachtrauern. In die Zukunft müsse er schauen, Fitnessstudio, das ist heute 'in'! Ich freute mich, als er Spaß daran fand. Aber er schlug wieder den Bogen zu früher, sprach von seinem Oberschullehrer, der ihn für die Leichtathletik begeistert hatte.

Am Nachmittag hängten wir das Bild auf. Exakt nahm er Maß, ich stand hinter ihm. – „Hammer", sprach er, ich reichte ihn. Dann beschauten wir unser Werk. – „Weißt du", sagte er. „Ich sehe dich gern mit solchem Gesicht." – „Verrückter Kerl, guck' 'mal, wie jung die ist!" – „Ist Liebe machen ein Privileg der Jungen? Du wirst ja rot", rief er plötzlich. „Ich kann's kaum glauben! Und es steht dir ausgezeichnet!" Dann nahm er mich in die Arme und küsste mich. – Ich kam mir fast vor wie jenes Mädchen auf dem Bild, wenn auch nicht so ekstatisch. „Du wirst eben doch nie erwachsen", sagte ich und suchte, mich loszumachen. – Doch er ließ mich ganz schnell fahren. „Das muss gefeiert werden. Meine Endfünfzigerin wird rot wie eine Fünfzehnjährige, weil sie ein erotisches Bild sieht. Das gibt Hoffnung!" – Und holte schon wieder eine Flasche Wein! Nichts konnte ihn davon abbringen, nicht der Hinweis auf den frühen Nachmittag, noch, dass wir gestern schon gelümpelt hatten. Wieder kam er auf die Margaritenwiese zu sprechen, zuerst davor, und wie er mich damals vor dem Zelt gesehen hatte, er noch ganz scheu hinter dem Busch stand und beschloss: An die muss ich kommen! Er schwelgte in Erinnerung. Natürlich kannte ich die ganze Geschichte schon. Doch sprachen wir lange nicht mehr darüber. Wie er sich einfallen ließ, dass es ungeheuer notwendig sei, Patenschaften im Rahmen der FDJ-Arbeit zwischen den Jungen der Abiturientenklasse und den Mädchen des angehenden Seminars für Kindergärtnerinnen zu organisieren! Dagegen konnte auch der Lehrer nichts haben – er lobte die Initiative als gute Jugendarbeit. Dass er bei seinen Worten in sich hinein grinste, hat Männe erst Jahre später recht begriffen. Und während wir den Wein tranken, erinnerten wir uns, was wir dachten, fühlten und taten, bis mich Männe endlich in die Margaritenwiese legte. Dabei sah ich das Bild vor mir, wie dieser Junge kräftig das Mädchen umfasste, sein Gesicht in ihre Brust vergrub, sie Arme und Fersen um ihn schlang und die Margariten um ihre beiden Lenden kreisten und blühten. Und wieder kriegte er mich 'rum. Wir gingen ins Schlafzimmer, ich erblickte noch dieses ekstatische Gesicht des jungen Mädchens und versank zum zweiten Mal in zwei Tagen in dieses Gefühl, das ich schon aus meinem Leben streichen wollte. Dann schauten wir uns an und staunten, wie gut wir noch miteinander können! Warum nur wollte ich mich schon davon verabschieden? Weil es so selten geworden? Der Alltag so fremd, so grau?

Unsere schönste Zeit verknüpfe ich mit einem Film. Das ist sicher verwunderlich, noch dazu er doch so eine Art Pflichtfilm war. Uns Kindergärtnerinnen wurde er jedenfalls als 'pädagogisch wertvoll' gepriesen und sogar eine Eintrittskarte spendiert. Ich erzählte es Männe, wollte die Karte wegwerfen und mit ihm essen gehen. Unsere Tochter war schon groß genug, um allein in ihrem Bettchen schlafen zu können. Er aber hörte von anderer Seite, der Film tauge zum Ansehen. Die Geschichte jenes Heimkehrers aus dem Zweiten Weltkrieg ergriff uns, sein Bemühen, wieder Halt zu finden, wie er Neulehrer wird, eine Frau findet, aufgeht in Liebe zu Kindern. Im Gedächtnis blieb uns beiden eine Szene, in der er, schon krank, erklärt, warum er so schufte: Folge einem Stern, dann kehrst du nie um! So wollte ich zu meinen Kindern sein, den eigenen sowieso, nicht anders zu denen meines Kindergartens.

Jedes Kind ist doch ein kleiner Stern, manchmal näher, manchmal weiter weg. Folge dem Stern, lenke das Kind – es passt so gut zusammen.

Auch Männe war beeindruckt. Er hat den Stern anders gesehen, sprach von Menschenbefreiung und dem schweren Weg dorthin, den Irrtümern, die auftreten können, von denen man vielleicht noch gar nichts wisse. Heute scheinen seine Worte fast hellseherisch. Damals fand ich sie einfach verstiegen und sagte, er möge aufpassen, den Boden nicht unter den Füßen zu verlieren. Das meinte ich freilich nicht ernst. Was sollte uns passieren? Das Diplom zum Bauingenieur trug er in der Tasche. In wenigen Wochen ging sein Grundwehrdienst zu Ende, seine erste Arbeitsstelle stand fest, meine Kinder, das eigene wie die fremden, bereiteten mir nur Freude. Es ging uns so gut, wie es nur Glückskindern gut gehen kann. Sogar seine Soldatenzeit verbrachte Männe in Berlin, in diesem etwas seltsamen Wachregiment, brauchte nicht bis an die ferne Ostseeküste fahren, war sogar im Ausgang zu Hause in unserer kleinen, engen Wohnung am Prenzlauer Berg.

Doch Männes Platz in der 'Großbaustelle Berlin' sollte ein Anderer einnehmen.

Kurz vor Ende seiner Dienstzeit kam er mit einem älteren Herrn zu uns. Ich kannte ihn als einen meiner Kinderväter vom Kindergarten. Die meisten dieser Eltern waren mit den 'bewaffneten Organen' verknüpft. Das lag am Wohnumfeld. Ich wusste, dass mich alle Eltern gern sahen als „ihre" Kindergärtnerin. Dass das aber in richtige Achtung für meine Arbeit umgeschlagen war, auch bei meinen Vorgesetzten in der Volksbildung, erfuhr ich erst von diesem Herrn. Denn der war ein richtig 'hohes Tier', wie ich erstaunt an diesem Abend feststellte. Und Männe stand mir nicht nach. Sonst hätte er nie dieses Angebot erhalten.

Allein geblieben, sprach Männe dann noch einmal über seinen Stern und die Menschheitsbefreiung und dass man auf dem Weg dorthin erst einmal Frieden und Sicherheit brauche. Doch er musste mich nicht überzeugen. Ich kannte viele Wohnungen von Eltern meiner Sprösslinge. Alles passte zusammen: Wofür wir arbeiten, ist eine gute Sache. Wir werden auch gutes Geld dafür erhalten – wir sind Glückskinder! Wir gingen noch an diesem Abend in die 'Trocadero-Bar'. Und spät nachts zu Hause feierten wir ein Liebesfest.

Es ging mir so wohl, dass ich aufs Eis tanzen ging.

Männe hatte die Offiziersschule beendet und bildete die Passkontrolleure an den Berliner Grenzübergangsstellen aus. Wir lebten in einer Neubauwohnung im zehnten Stock im Zentrum von Berlin und blickten über die halbe Stadt. Vor der Tür stand der Wartburg. Unsere zweite Tochter spielte in meinem Kindergarten, den ich jetzt leitete, unsere erste brachte gute Noten aus der Schule heim. Da fuhr ich zum Lehrgang in ein Erholungsheim an einem märkischen See. Mutter kam für die drei Wochen in unsere Wohnung. Alles war geregelt. Nichts konnte schief gehen.

Er war Dozent und sah aus wie ein Latino. Er sah nicht nur so aus, er benahm sich auch so. Nach vierzehn Tagen hatte ich meine Konkurrentinnen aus dem Felde geschlagen. Es war ein Spiel für mich, mit Männe hatte das nichts zu tun. Wir waren doch so losgelöst vom Alltag, wir alle, Schüler und Lehrer in einer Welt für sich. Ich fühlte mich als Frau bestätigt. Das war toll, denn ich kannte ja nur Männe. Ich hatte ja keine Ahnung, wie ein geübter Mann aus Spiel plötzlich Ernst macht. Sein Angebot erschreckte mich, doch ausweichen nicht möglich. Er gab nicht auf, wie ich erwartete. Und ich musste erleben, wie ich in der Umgebung eines Kitschromans mit Abendblick auf den See und schmeichelnder Stimme am Ohr Schmetterlinge im Bauch spürte.

Ich wollte das doch gar nicht. – Er habe das auch nicht gewollt, sei doch auch verheiratet. Aber der Lehrgang sei bald zu Ende, dann sei alles zu Ende, niemand erleide Schaden. Warum soll man sich nicht einmal Freuden bereiten? – Und ich kannte doch nur Männe, würde vielleicht nie vergleichen können, in meinem ganzen Leben nur ein einziger Mann, ist das nicht ein wenig – arm? Nach diesem Gedanken klopfte ich an sein Zimmer. Er muss wohl gar nicht mehr geglaubt haben, an sein Ziel zu kommen, überrascht, wie er war. Und ich wollte doch nur die Bestätigung, dass andere Männer eben auch nicht so viel anders als Männe seien, sich ein Wechsel einfach nicht lohne.

Ich irrte mich. Ich irrte mich so sehr, dass ich die nächste Nacht schon wieder in seinem Bett verbrachte. Und am Abschlussabend konnten wir gar nicht mehr verheimlichen, wie es um uns stand. Alle schauten uns mit wissenden Augen an. Der Lehrgangsleiter setzte sich ungefragt an unseren, von allen respektierten, einzelnen Tisch. Beendigung für Schweigen, wir verstanden: Das war ein Ultimatum. Wir nickten beide.

Er hatte mir Welten gezeigt, von denen Männe nichts wusste. Ich konnte sie von Männe nicht verlangen, ich konnte ihn nur vorsichtig hinführen. Ich tat mein Bestes. Männe wurde stutzig.

Dann wurde mein Latino auch noch versetzt, zog um und brachte seine Kinder in meinen Kindergarten. Er wollte mich wiedersehen, unbedingt. Ich verzweifelte, wollte doch Männe eine gute Frau sein und konnte es nicht.

Schließlich saßen wir beide im Dienstzimmer jenes Mannes, der in den letzten Tagen von Männes Grundwehrdienst bei uns zu Hause gewesen. Inzwischen war er um einiges gestiegen, trug keine Uniform mehr. Eine Entscheidung verlange er, 'reinreden könne und wolle er uns nicht. Aber an die Kinder mögen wir denken, die eigenen und jene der anderen Familie.

Zu Hause verlangte Männe ein sofortiges Ende. Es käme sonst etwas auf uns zu, das wir beide nicht beherrschten. – Ich wolle das ja auch, antwortete ich. Ich will immer mit dir leben, Männe! Du bist ja so gerade, verlässlich und sauber. Aber er gibt mir etwas, das hast du nicht, was soll ich tun? – Er willige nicht in eine Ehe zu dritt, ging er hoch. – Auch ich blieb nicht ruhig. Wer kann bei solchem Streit schon die Worte richtig setzen? Am Ende warf Männe eine Milchflasche gegen meinen Kopf, ich duckte mich, sie zersprang über mir an der Küchenwand. – „Du hättest mich erschlagen können", schrie ich. Männe stürzte aus der Tür, aus der Wohnung. Spät nachts kam er heim, sagte nichts.

Allein geblieben, sah ich mir die Einschlagstelle an. Männe muss die Flasche wohl im allerletzten Moment noch nach oben gelenkt haben. Der Schmarren in der Küchenwand ist heute noch erkennbar für den, der weiß.

Männe lernte, lernte recht schnell. Mir schwante etwas. Aber ich konnte nicht mit Steinen werfen, saß selber im Glashaus. Ich spürte große Angst, es könne ihm wie mir ergehen. Dann spürte ich ein drittes Kind wachsen und wieder große Angst. Von wem war es wohl? – Männe nahm die Nachricht ruhig auf. – „Du fragst gar nicht?" – „Wenn du bei mir bleibst, ist es mein Kind. Zeugung ist Zufall, ein Vater zieht sein Kind groß." – So ist eben Männe. Was ist dagegen ein Latino?

Unseren Begegnungen voller Leidenschaft ging langsam der Atem aus. Immer verstecken wollen und müssen, dazu unser gemeinsames Wissen um die Perspektivlosigkeit. Die Leidenschaft erlosch langsam. Und als ich unseren Sohn gebar, wusste ich ganz sicher: Es ist Männes Sohn. Er möge wie sein Vater werden, wünschte ich ganz heiß. Nach dem Babyjahr gab ich den Kindergarten ab, ging in die Verwaltung – meinen Latino sah ich nicht wieder. Und Männe wuchs inzwischen zum perfekten Liebhaber.

So hielt er zu mir, als es mir sehr schlecht ging. Jahre später erst konnte ich ihm das entgelten.

Unruhig war es in unserem kleinen Land geworden. In Moskau hat das einer ausgelöst. Er sprach aus, dass jeder auch so handeln müsse, wie er es gelernt, bei den Klassikern gelesen habe. Wir hörten ungläubig, erlebten wir das doch täglich anders. Wir hatten uns daran gewöhnt, dies sei die 'graue Theorie' und das andere der 'real existierende Sozialismus'. Und der in Moskau spricht: Das darf kein Widerspruch sein! Lange vorher erfuhren wir im eigenen Land, dass ausgerechnet die Menschen, die so dachten und handelten, wie er das von allen ehrlichen Menschen jetzt wollte, verteufelt wurden als 'Klassenfeinde', weggejagt, 'gegangen wurden', wie wir im Umgangsjargon sprachen. Und dann kamen die Demos in Leipzig, die Prager Botschaft – und wir zwischen allen Stühlen! Was hofften wir beide, dass 'die da oben' endlich schlau werden und handeln. Und als sie endlich handelten, war es stümperhaft, dumm – und Männe musste es ausbaden.

Männe war zum Dienst. Ich saß vor dem Fernseher beim Abendbrot. In jenen Tagen war das ein Ritual bei allen Leuten dieses Landes. Alle warteten auf Entscheidendes, was es sein würde, wusste keiner zu sagen. Dann fielen die Worte von der Grenzöffnung, stockend, etwas unsicher. – „Ab wann?", fragte ein Reporter. Und wieder stockend, auf den Zettel schauend: „Ab sofort!"

In meine Überraschung, dass jetzt endlich geschehe, was schon seit mehr als zehn Jahren fällig war, mischte sich meine Sorge um Männe. Wenn der dort sagt, sofort, musste die Maschine schon laufen. Man ändert nicht das Grenzregime in einer Stunde. Die Pläne mussten fertig liegen und Männe nahm sie jetzt entgegen, oder hatte sie schon und vermittelte weiter. Männe stand im Stress. Sicher war das freudiger Stress. Denn seit die Staatsmänner Europas in Helsinki zusammen gekommen waren, schien das logisch und war auch immer wieder im Gespräch. Erst wunderten wir uns, dass die Öffnung nicht gleich kam, dann übten wir Geduld, schließlich vergaßen wir es. Endlich kommt sie doch. Männe, ich drücke dir die Daumen!

Als er heimkam am nächsten späten Nachmittag, wollte ich mit ihm reden. Er wehrte mich ab. Aschfahl im Gesicht ging er ungewaschen ins Bett und schlief sofort ein. Ich sah nach ihm, sah, wie er schlief, tief, erschöpft, doch nach vier Stunden standen seine Augen offen. – „Hat jemand nach mir gefragt?" – „Nein", antwortete ich verwundert. – „Gott sei Dank! Sind eben alle gelähmt!" – Plötzlich bäumte er sich auf, schluchzte, regelrechte Weinkrämpfe überfielen ihn. Ich erschrak. So sah ich ihn noch nie. Ich strich über seine Haare, streichelte sein Gesicht. Nach einiger Zeit spürte ich Dankbarkeit. Ich legte mich zu ihm, umfasste ihn, er kuschelte sich an mich, immer noch schluchzend, doch schon nachlassend, ich küsste sein tränennasses Gesicht. Mein Männe, noch nie sah ich eine Träne bei ihm!

Wie lange er brauchte, ruhig zu werden, weiß ich nicht mehr. Dann aber sagte ich leise: „Du musst reden, Männe. Es muss 'runter von deiner Seele!" – „Ich darf das nicht, das weißt du. Aber es ist so egal."

Gar nichts war so, wie ich es mir vorgestellt hatte. Keinen Plan gab es, keinen, der anwies, keiner gab Befehle. Nur Männe war da, der nach Weisungen fragte, von dem die Grenzstellen sie haben wollten. Als er merkte, dass sich alle drückten, entschloss er sich. Was der da im Fernsehen stockend gesagt hatte, musste geschehen – sonst geschieht eine Katastrophe! Männe hat alles, was man für dafür braucht: das Wissen, die Erfahrung, die Entschlusskraft. Er kennt die Leiter der Grenzstellen, die Posten gar, weiß, wie sie denken, dass sie freudig dabei sind, wenn geändert wird. Nur Befehlsgewalt besaß er nicht. Er nahm sie sich einfach. – Doch nicht alle dachten so. Das sei Hochverrat, was er da begänne, ohne Vollmacht so zu handeln. – Ich kann höchstens 'lebenslänglich' darauf kriegen, reagierte Männe. – Da sei er aber optimistisch, konterte der Andere und knallte den Hörer auf. – „Die Menschen in diesem Land werden dir dankbar sein", versuchte ich ihn zu trösten. – „Jetzt bist du optimistisch. Sie werden's nie erfahren. Ich sage dir voraus: Kein Stück Brot wird mancher von uns nehmen wollen. Sie werden schnell vergessen, dass auch die Grenzposten froh waren, so handeln zu können. Da ist so viel Hass." – Er schluchzte wieder auf. Diesmal gelang mir schneller, ihn zu beruhigen. Er übertrieb wohl, dachte ich damals. Doch ich musste erfahren, wie gut er voraussah. Mein Männe! Er sah eben seinen Stern und verstand manches. Ich verstand es nicht. Aber lieben werde ich ihn immer.

Diese Zeit regte furchtbar auf. An jeder Stelle, wo mehrere Menschen zusammen arbeiteten, schwirrten Nachrichten von Tisch zu Tisch. Wir waren alle Frauen und unsere Männer alle verknüpft mit den 'bewaffneten Organen', manche gar mit Regierungsstellen. Von dort kamen unsere Nachrichten, auch Gerüchte. Drei Tage nach Männes Dienst wurde ich gefragt, ob ich Genaueres wisse, mein Mann arbeite doch bei der Passkontrolle. Ein kleiner Diensthabender soll die ganze Grenzöffnung durchgeführt haben, weil die Generale sich das nicht trauten. Und nun sinnen die Generale, wie sie dem Major, das soll der Diensthabende gewesen sein, an den Kragen können – sei das nicht gemein? Und eine Andere ergänzte, der Major habe ja ohne Befehl, nur auf die Fernsehsendung hin, gehandelt, außerdem die Geheimhaltung verletzt. Die Änderungen habe er über Telefon diktiert und wiederholen lassen. Das überbringen normalerweise geheime Kuriere. Von wem er die Änderungen habe, wisse auch keiner. Kopf und Kragen könne ihm das kosten, und die Frauen schwankten zwischen Bewunderung und Mitleid für den armen Kerl.

Männe war Major. Mir wurde schlecht. Ich verließ fluchtartig den Raum, blieb lange weg. Angst würgte mich, unbestimmbare Angst. Wenn da einer durchdreht, mir meinen Männe zum Sündenbock macht – nicht auszudenken! Und Männe wusste das alles schon, als er es tat. So ein Riskierer, so ein Spieler, so ein Leichtfuß, tobte es in mir. Und doch – übel nehmen konnte ich es nicht. Er hat das Richtige getan, ohne an sich, an mich zu denken. Was kann ich tun, damit kein Schaden entsteht? Wen kann ich fragen?

Abends vor der Wohnungstür fiel es mir ein. Ich rief ihn an. Er war nicht verwundert: „Ich wollte sowieso bei euch vorbei kommen." – War das ein gutes oder schlechtes Zeichen?

Nun saß das 'hohe Tier', wie ich ihn immer noch bei mir nannte, wieder in unserer Wohnung, nicht mehr am Prenzlauer Berg, sondern im Neubau zehnter Stock mit Blick über halb Berlin und dem Lada vor der Tür. – Er werde bald weggehen, verabschiede sich deshalb von uns. Er wisse noch nicht, wie die Einzelheiten aussehen für seine, wohl letzte weite Reise. Ob wir das Drama von Kleist kennen, den „Prinz von Homburg", fragte er uns. Wir schüttelten die Köpfe. – Der Prinz von Homburg, so erzählte er, sei brandenburgischer Offizier gewesen in der Schlacht bei Fehrbellin gegen die Schweden. An der richtigen Stelle und zum richtigen Zeitpunkt führte er seine Reiterei zum Angriff gegen die Schweden. Das entschied die Schlacht. Aber er hat das ohne Befehl getan. Nach dem siegreichen Friedensschluss trat das Kriegsgericht zusammen. Es sollte entscheiden: Orden für den Sieg oder Todesstrafe für die Undiszipliertheit. Denn wo käme man hin, wenn jeder Offizier in der Schlacht nach eigenem Gutdünken handelt? Dass es glücklich ausging, ändere nichts am Prinzip. Männe brauche sich aber keine Gedanken zu machen. Allem Anschein nach endet seine Schlacht nicht siegreich, und es kommt zu keinem Kriegsgericht. Er wünschte uns noch alles Gute.

Wir waren erleichtert, und wir waren traurig. Männe sprach von den Irrtümern, die auftreten können auf dem Weg zu einem fernen Ziel. Wir seien wohl alle miteinander in einem solchen befangen. Ich dachte praktisch. Wenn ich zum Fleischer und Bäcker ging, traf ich Leute wie Männe und mich. Ich fühlte mich immer wohl, geborgen. Jetzt empfand ich etwas wie Ghetto.

So sprach jeder von seiner Sicht. Doch wir verstanden uns, wenn wir uns auch auf dem Feld des Anderen nicht so gut auskannten. Wir rückten näher, spürten uns und alles war gut. Männe drückte sein Gesicht tief in meine Brust, ich umschlang ihn mit meinen Fersen, und ein blühender Margaritenstrauß umschloss uns beide, lange und fest. Wir sind so stark, wir beide!

Wir sahen dann viele Ehen zerbrechen. Die Menschen zogen weg, einzeln oder auch gemeinsam. Wohnungen blieben leer, neue Mieter zogen ein. Unsere Kinder heirateten, doch noch immer leben wir in dieser Wohnung im Neubaublock zehnter Stock, mit Blick über halb Berlin und jetzt mit einem Opel vor der Tür. Unser Häuserblock wurde zu einem von vielen, nicht mehr Heim von etwas privilegierten Leuten, aber auch kein Ghetto mehr. Männe fand nach langem Suchen und Probieren aller möglichen Angebote endlich einen 'Job', wie man heute sagt. Sein Bauingenieur kam ihm zu Nutzen. In einer Umschulungsstätte brachte er Arbeitslosen Grundbegriffe des Mauerns bei. Ich hatte nichts anderes gelernt als Kindergärtnerin. Die braucht man heute nicht mehr. Ich wurde schwermütig. Männe bemühte sich nach Kräften, mich aufzumuntern. Doch, was konnte er schon tun?

Unser 'hohes Tier' besuchte uns. Er fuhr jetzt Bus irgendwo im Schwäbischen. Seine Frau kannten wir noch nicht, aber bei dieser Begegnung waren wir sofort vertraut miteinander. Der ganze Abend erschien uns wie ein Stück verlorene Heimatwärme. Natürlich kamen Männe und er ins Philosophieren. Sie sprachen von Männes Stern und Irrtümern, verglichen den Tschechen Jan Huß mit Lenin. Dem Ketzer Huß, verbrannt auf dem Konzil von Konstanz, sei hundert Jahre später Luther gefolgt. Das stehe uns noch aus. Wir Frauen verglichen Schwaben und Berlin. Soweit ich mitreden konnte, fanden wir beide: die Menschen sind so unterschiedlich nicht.

An die alte Zeit möchte ich jetzt nicht mehr erinnert werden. Ich muss damit leben, dass ich meine Sterne, meine Kinder verlor. Selbst die eigenen leben weit weg von uns. Männe glaubt immer noch an seinen Stern, aber er weiß, einen Luther wird er nicht mehr erleben. Ich widme mich der Zeit, wie sie ist, worüber man spricht, was 'trendy' ist. In diese Zeit gehört das

Fitnessstudio mit einem Trainingsplan zur Regulierung des Fettstoffwechsels. Das ergänze ich durch einen Speisenplan, der unser Gewicht in optimalen Grenzen hält. Und heute will ich auch einiges von Prominenten wissen. Schließlich muss man mitreden können, wenn man, selten genug heutzutage, Leute trifft, beim 'Small Talk' und so. Doch ich vermisse etwas in unserem Leben, es tröpfelt nur noch so dahin.

Doch dann hat Männe dieses Bild auf dem Trödelmarkt gekauft. Übrigens will er mit mir ganz allein ausgehen, auch Tanzen. Ich war baff! Wir zwei Alten, wo will er mit mir eigentlich hin? Vielleicht ist Männe auf eine andere Art doch erwachsener, als ich geglaubt habe?

9. Sonntagsfantasie

An diesem Sonntagmorgen ließ ihn Christine deutlich spüren, dass sie in der letzten Nacht nicht zufrieden mit ihm war. Er habe fast nur an sich gedacht. Das nahm sie immer übel.

Christine war sechsunddreißig, hatte lange schwarze Haare und war Mutter von drei Kindern. Nach dem Mittagessen nahm sie diese und bedeutete ihm, sein Teil der Sonntagsarbeit sei der Aufwasch, damit er auch etwas für die Familie tue. Sie waren so etwas wie eine Sandkastenliebe und jeder von ihnen wusste genau, wann der Andere in seinen Entschlüssen respektiert werden musste. Er ergab sich in sein Geschick. Während unten die Autotüren klappten, ließ er Wasser in das Becken laufen und wünschte sich plötzlich einen Geschirrspüler, gegen den er stets gesprochen hatte.

Nach erfüllter Arbeit legte er sich auf die Couch. Die Sonne ließ ihr Licht in breiten Bahnen durch die große Wohnzimmerscheibe fallen.

Er sah sich einen Weg am Fluss entlang laufen. Enten und Gänse säumten das Ufer, angelockt von Spaziergängern, die ihnen Brotkrumen zuwarfen. Links vom Fluss stieg der Auwald leicht an, durchsetzt von kleinen Büschen, alles sehr licht, lockend zum Rasten und Ruhen. Vor einer Busch- und Baumgruppe lag eine Decke, darauf lag halb aufgerichtet eine blonde, wohlgeformte Frau. Sie sprach mit einem Mädchen, das im Begriff war zu gehen. Er wusste plötzlich von der Frau, dass sie sechsunddreißig und vom Vater ihrer Tochter verlassen war. Es tat noch weh und von Männern wollte sie nichts wissen, doch sehnte sie sich nach Wärme und nackter Haut. Während er sich über die Sicherheit seines Wissens wunderte, wusste er, dass die Tochter sich verabschiedete, zu ihrem Freund zu gehen. Die Mutter möge nicht auf sie warten.

Er stieg die wenigen Meter hoch zu dieser blonden, reifen Frau. Sie sah ihn an ohne Erstaunen. Er griff nach ihrer Hand und sie überließ sie ihm. Seine Lippen suchten ihren Mund und fanden ihn leicht geöffnet. Seine Hand umschloss die ihre. Es war eine sehr weiche, fast zerbrechliche Hand. Er umschloss sie leicht, rollte sie sanft auf. Ihre Zungen spielten miteinander. Dann ließ er seine Fingerspitzen in ihrer Handfläche streicheln.

Ihre Hand zuckte zurück, sie löste ihre Lippen und sah ihn an. Dann sprach sie „Komm!", nahm die Decke auf und ging mit ihm über den Hang. Den Blicken der Spaziergänger

126

entzogen, breitete sie die Decke neu und zog ihn zu sich nieder. Ihr Spiel begann noch einmal. Als er wieder ihre Handflächen streichelte, zuckte sie nicht mehr zurück. Ihre beiden Zungen berührten sich. Sie taten noch viel mehr und sahen sich danach zufrieden an.

Sie liefen durch den Wald. Vor ihnen schälte sich ein kleines Haus aus Büschen und Bäumen. Im Vestibül hieß sie ihn setzen, setzte Wasser an und holte Kekse. Was er schon wusste, hörte er alles noch einmal und fand sich wie in einem Spiegelleben. Er unterbrach sie nicht, denn er spürte, dass sie reden musste, frei werden vor einem Fremden, ohne Angst vor dessen Wissen über sie. Er streichelte ihre Wangen, strich über ihre Augen. Dankbar zog sie ihn die Treppe hoch zu einem kleinen Zimmer mit einem breiten, aufgeschlagenem Bett. Er spürte plötzlich alle Kunst der Welt in sich, wie man eine Frau verwöhne. Er ließ nichts aus von seinen neuen Fähigkeiten und wurde sehr belohnt. Dann aber war er doch ermattet, und ihn überfiel der kleine Tod, wie die Franzosen sagen.

Sie sah sein ruhiges Atmen und ging hinunter, die Spuren der Begegnung wegzuräumen. Da trat die Tochter ein und warf sich weinend der Mutter an den Hals. Die Tochter war gerade achtzehn und der Freund kniff. Nein, mit der anderen sei nichts. Doch richtig küssen wollte er die Tochter auch nicht, sie hätten doch noch Zeit. Da hat sie ihn stehen gelassen und ist nach Hause gelaufen. Die Mutter sprach lange, bis die Tochter langsam ruhiger wurde. Dann hieß sie ihr, nach oben zu gehen.

Er schlug die Augen auf, weil das Türklappen seinen Schlaf beendete. Er sah das Mädchen in der Türe stehen, das, jünger nur, ganz der Mutter glich. Als sie auf ihn zu kam, streifte sie den Pullover über den Kopf. Er sah zwei wunderschöne Knospen und junge Früchte, zum Pflücken bereit für ihn. Er wusste, dass er nur wollen müsse, nach der Frau auch das Mädchen zu verstehen. Es brauchte viel mehr Zeit, denn junge Mädchen können noch nicht wissen, was sie selber wollen und Führen kann anstrengend sein. Aber er verstand sie doch. Er verstand sie auch, als sie ihn abwarf, seine Schultern in die Kissen drückte und sich rittlings auf seine Lenden setzte. Sie jagte sich selbst in die Ekstase, schrie ihre Lust heraus, dass es die Mutter unten hörte, und fiel ermattet mit ihrem Kopf auf seine Schulter. Da zahlte er es heim mit gleicher Münze und stützte seine Fäuste neben ihren Kopf. Dankbar verschränkte sie ihre Fersen hoch über seinen Hüften und genoss seine Kraft in auslaufenden Welle. Er schrie wie sie, dass es die Mutter unten hörte – die Mutter nickte: Nun war es vollbracht. Er aber hatte viel geleistet an diesem Sonntagnachmittag. Zum zweiten Mal ereilte ihn der kleine Tod.

Als er wieder munter wurde, fiel Licht in breiten Bahnen durch das Wohnzimmerfenster. Auf der Treppe hörte er Christine mit den Kindern kommen. Er spürte ein schlechtes Gewissen und brauchte sich doch gar nichts vorzuwerfen. Doch seine Zustimmung zum Kauf eines Geschirrspülers wollte er Christine nicht mehr versagen.

10. Erkenne einer das Weib

oder

Von den Schwierigkeiten, mit meiner Frau zusammen zu leben

Ich lebe gern mit meiner Frau zusammen. Ich verstehe uns beide als ein normales Paar mit normalen Freuden und normalen Leiden. Es ist schon Jahr her, dass wir den Westfälischen Friedensschluss feiern konnten. Wenn ich so auf leicht snobistischen Partys die Frage nach unseren Ehejahren beantworte, freue ich mich immer auf die verschiedenartigsten Reaktionen der 'small talkenden' Gesprächspartner. Wer erinnert sich schon, dass der Westfälische Frieden den Dreißigjährigen Krieg beendete? Zu beobachten, wie schnell der Groschen fällt und welche Hilfsmittel man einsetzen muss, damit er manchmal überhaupt fällt, erspart zuweilen Monate des Kennenlernen.

Doch lassen wir diesen Ausflug in die mehr oder minder feine Gesellschaft und wenden uns dem eigentlichen Gegenstand zu. – An freien Tagen liebe ich es, mich noch einmal umzudrehen. Sonst ist bei mir Wecker klingeln, aufs Knöpfchen drücken und aufstehen eine eingefahrene Reihenfolge. Diesen automatisierten Rhythmus verdanke ich wahrscheinlich meiner langjährigen Dienstzeit in einer nicht mehr existierenden Armee. Dieser Rhythmus hat einen Vorteil. Eventuell noch vorhandene Müdigkeit wird mir frühestens im Bad bewusst. Dann aber ist es für den inneren Schweinehund zu spät. Gegen den nächsten einsetzenden Rhythmus von Duschen, Rasieren, Zähneputzen verfliegen seine Chancen, noch gegen den jetzt einsetzenden Arbeitsalltag anzukommen. Ein Gähnen am Frühstückstisch bleibt sein unerhebliches Ergebnis. Meine Frau staunt dann immer über die Geschwindigkeit, mit der ich fast nebenbei den Kaffeetisch gerichtet habe und wartend vor der heißen Kaffeetasse sitze. Dabei bin ich ausgesprochen langsam in allen handwerklichen Fertigkeiten. Nur meinem eingespielten, vor Jahrzehnten schon erprobten 'Timing' verdanke ich dieses Tempo.

Diese meine Fähigkeiten kommen meiner Frau zunutze, wenn sie nicht vor mir aufgestanden ist. Sie ist kein Weckermensch. So kann es mir an normalen Werktagen passieren, dass ich meinem Rhythmus folge und beim Eintritt in die Wohnstube den fast fertigen Kaffeetisch vorfinde. Meine Frau steht eifrig brutzelnd in der Küche und freut sich meiner freudigen Überraschung. Der Tisch umfasst dann das Angebot eines Vier-Sterne-Hotels. Ich strecke also die Beine darunter Tisch, unterdrücke das Gähnen meines inneren Schweinehundes und will nach der Kaffeetasse greifen. – „Ach, den Kaffee, den habe ich vergessen. Aber ich muss an alles denken, nimmt mir ja keiner ab, bleibt alles auf meinen Schultern. Musst halt warten, wirst du doch aushalten können, mach ja schließlich alles nur für dich!" – Das ist der Moment, wo ich nicht weiß, wofür ich Schelte bekomme. In ersten langen Ehejahren habe ich auf verschiedenste Weisen ihr zu erklären gesucht, dass kein Vorwurf über meine Lippen kam, selbst zu solchem Denken keine Zeit war bis zu ihren Worten. Das brachte aber nur ein, dass der schöne Frühstückstisch verhagelte und wir grimmig jeder seiner Arbeit zustrebten.

Inzwischen weiß ich, dass mein Griff zu einer leeren Kaffeetasse, ach was, schon der Blick auf diese leere Kaffeetasse angesichts eines solchen Frühstückstisches ein Naturereignis auslöst. Also ertrage ich heute diese und nachfolgende Sätze und frage in einer Redepause nach einem beliebigen gestrigen Ereignis oder einer heutigen Absicht. Und frage mich rückwirkend, warum ich Jahrzehnte brauchte, um das zu lernen.

Also, an freien Tagen liebe ich es, nach dem Aufwachen, selbstverständlich ohne Weckerklingeln, mich noch einmal umzudrehen. Dann gibt es die verschiedensten Möglichkeiten. Es kann passieren, und das ist gar nicht so selten, dass mein Blick in das Gesicht meiner Frau fällt. Darin können zwei große offene Augen stehen, die wohl schon länger als die meinen sich an dämmriges Licht gewöhnt haben und mir einiges verheißen. Man müsste meine Frau fragen, ob ich mich recht erinnere, doch glaube ich, dass ich trotz Schlaftrunkenheit solch Gesicht stets recht zu deuten und danach zu handeln wusste. Was stört uns beide, die wir uns Jahrzehnte kennen, dass Überraschungen dabei ausbleiben? Selbst Andeutungen verraten uns schon, welche Variante der Zärtlichkeit gewünscht oder angestrebt wird. Das kann, die Jugend mag's kaum glauben, sehr anregend, vertraut und innig sein. Aber weitere Einzelheiten mag ich jetzt nicht preisgeben – dies ist nicht das Thema.

Es kann auch passieren, dass mein noch etwas umflorter Blick auf einen halb bedeckten Frauenrücken fällt. Tiefe Atemzüge verraten noch weiten Abstand zum wahren Leben. In der Regel streichle ich dann diesen Rücken, während meine Augen wieder zufallen. Ich atme den Duft eines ausgeruhten Körpers. Meine Fingerspitzen spüren den Unebenheiten nach, entdecken einen kleinen Hügel, meine Augen öffnen sich, entscheiden: Nein, zu früh, lässt sich noch nicht aufdrücken. Inzwischen höre ich keine Atemzüge mehr, man dreht sich, ich schau' in große Augen – das hatten wir schon.

Nach dem Umdrehen kann mir auch anderes passieren. Ich beginne mit umflortem Blick, einen Rücken zu streicheln, oder sehe nur eine hoch gezogene Bettdecke. Plötzlich dringt in meine Schlaftrunkenheit: „Steh' auf! Mach Kaffee! Lass' mich nicht immer alles buckeln!" Da fährt eine Harpune, erst kaum spürbar, dann schärfer in meine dem Tag entgegen drängende

Seele und hängt ihre Widerhaken ein. Ich weiß, mindestens der Vormittag ist gelaufen. Ich bin munter und sauer. Was heißt hier sauer, wütend, verletzt bin ich.

Als solche Morgen begannen, fragte ich mich: Was hast du am Vortag falsch gemacht? Sehr oft fand ich Gründe, manchmal suchte und fand ich, wo keine waren. Inzwischen weiß ich: Auch das ist ein Naturereignis. Ich muss damit umgehen. Früher verbat ich mir solche unwirschen Worte, sowie ich fähig war, zu denken und zu sprechen. Doch meine Frau war mir beim Aufwachen voraus. Sie traf mich gut mit ihren Antworten. Nun sind wir beide keine Typen, die Geschirr zerschmeißen, aber Lust darauf verspürten wir wohl beide.

Dann dachte ich: Liebe hält aus, lass' es ablaufen. Es lief nicht ab. Den ganzen Vormittag spickte sie jede Rede mit einem kleinen angehängten, gehässigen Nebensatz, bis ich nicht mehr konnte und rebellierte. – „Du bist aber heute empfindlich!", waren dann die ersten Worte einer neuen Eskalation. So ging es also auch nicht.

Der heutige Stand meiner Strategie ist ein wortloses Aufstehen, 'Befehlsausführung' und Sprachvermeidung. Gegen Mittag wird sie dann sanfter. Ich spüre dann ihr Ringen mit sich, doch ein 'Verzeihung', wie ich es wünschte, schafft sie nicht. Da ist ihr Stolz vor.

So bin ich bis Mittag der Hund, der böse unter dem Tisch vorguckt. Nachmittags fasse ich nach ihrer Hand, sie entzieht sie mir nicht. Und in ihren Augen sehe ich ein solches Gemisch der Gefühle zu mir – dass ich stolz bin, eine solche Frau zu haben, ihr Mann sein zu dürfen.

Sie kann ein Arbeitstier sein. Sie kann faul sein. Sie ist überhaupt ein Mensch der Extreme, ein Widder eben. Das Schicksal fügte es, dass ihre größten Belastungen meist in eine Zeit fielen, wenn ich von ihr getrennt war.

Ich war schon versetzt in eine andere Stadt. Erst anderthalb Jahre später sollte der Neubaublock fertig sein. Da ergab sich für meine Frau die Möglichkeit, Fahrlehrer zu lernen. Das hat eine lange vorher beginnende Geschichte.

Bei einer Versetzung (für einen Offizier der Nationalen Volksarmee wie mich kein ungewöhnliches Ereignis) stellte ich fest, dass meine neue Truppe keine Patenschaftsbeziehung zu einem Betrieb besaß. Ich kannte das anders, also wollte ich das ändern. Beziehungen sind immer nützlich. Die Armee ist motorisiert, ich sprach bei einer

Werkstatt der örtlichen Verkehrsbetriebe vor. Der Leiter dachte ähnlich wie ich. Wenige Wochen später unterschrieben wir bei einer fröhlichen Feier den Patenschaftsvertrag. Es traf sich gut, dass meine Frau den neuen Standort unseres Eheglücks in Augenschein nehmen wollte. So saß ich wie die anderen Offiziere auch mit Frau an der Festtafel. Man sprach über dieses und jenes, und mein ziviler Partner klagte, dass er schon ein Jahr eine Sekretärin suche. – Da glühten die Ohren meiner Frau. Das Schaustellerkind kam durch. Groß geworden zwischen Wohnwagen und Zugmaschinen, hatten Motoren ihr immer schon imponiert. – Was soll ich weiter erzählen? Die Patenschaftsbeziehung glättete die Sorgenfalten auf der Stirn des Werkstattleiters ob der vorherigen, artfremden Beschäftigung seiner neuen Sekretärin. Und diese fühlte sich nach dem Umzug pudelwohl zwischen öligen Rampen, Werkstattlisten und Motoren im Probelauf.

Nach drei Jahren war ich schon eine Dienststelle weiter. Der Sekretärin in der Werkstatt flatterte eine Anforderung auf den Tisch: Im Zuge der weiteren Durchsetzung der Gleichberechtigung der Frau sind geeignete weibliche Fachkräfte für höhere technische Lehrgänge auszuwählen, unter anderen auch Fahrlehrer. Ihr Chef rasselte den üblichen Kommentar herunter, von denen da oben, die sich 'mal wieder etwas Weltfremdes ausgedacht haben. – „Aber Chef", sagte sie. „Ich käme dafür in Frage!" – Aber er wolle seine beste Kraft nicht hergeben. – „Chef, mein Mann ist doch schon versetzt, in einem halben Jahr bekommen wir Wohnung. Dann gehe ich sowieso. Der Lehrgang dauert ein halbes Jahr. Du meldest mich, bekommst die Punkte, 'ne Neue brauchst du dann eben etwas früher. Und weil du ja mit meiner Meldung für die Fahrlehrerausbildung auf der Parteilinie liegst, müssen sie dich vorrangig unterstützen." – Gewonnen. Doch nun ging die Arbeit erst richtig los. Zwei Kinder zur Nachbarin nebenan, zwei Kinder zur Nachbarin unten zum Frühstück und Abendbrot, Kindergarten und Kinderhort am Tag, abends gemeinsames Zubettbringen durch die Nachbarinnen in der eigenen Wohnung. Montag bis Freitag ist Mutti weit weg auf dem Lehrgang. Ein Glück, dass der Trabbi schon da war. Der Trabbi, wie leuchteten ihre Augen, als ich ihn vor das Fenster des Krankenhauses fuhr. Sie hatte gerade das vierte Kind geboren, als die Abholung fällig war.

Eigentlich wollte ich jedes Wochenende schnell mit dem Trabant nach Hause kommen. Das verbot sich nun. Dreifaches Umsteigen war bei jeder Heimtour angesagt. So kam ich müde und ausgehungert nach Frau nur alle drei Wochen heim. Sie gab mir stets Bescheid. Nur manchmal, wenn sie gar zu viel Wäsche dabei hatte, schimpfte sie über ihr schmutziges fünftes Kind. Nach Ende des Lehrgangs zogen wir wieder einmal um.

Überhaupt, unsere Umzüge. Wenn es stimmt, das dreimal umziehen einmal abgebrannt entspricht, wie man zuweilen hört, haben wir mehrere Feuersbrünste überstanden. Natürlich entsteht dabei Routine. Die Grundzüge dafür erarbeiteten wir uns schon beim ersten Einzug.

Ich war immer das Vorauskommando. Kunststück, ich wurde ja versetzt, war schon da, hatte zu entscheiden, nehmen wir die Wohnung oder nicht. Hört sich gut an. Meist war nur eine da, wenn überhaupt. Das '... oder nicht ...' war also in der Regel reine Theorie.

Da sitzt der junge Unterleutnant, gerade von der Offiziersschule gekommen und stolz auf seine Würde vor der Wohnungskommission. – „Tja, Genosse Unterleutnant ..." – Man hört aus der Betonung des 'Unter ...' geradezu heraus, wie viel man noch zu lernen habe. Später strich man diesen Dienstgrad, aber mir war dieses Glück des Weglassens von 'Unter ...' in den ersten beiden Jahren nicht vergönnt. Jedenfalls fand der da auf der anderen Seite des Schreibtisches keine Wohnung für mich. Auch wusste er nicht, wann überhaupt eine frei werde. Da müsste erst wieder jemand versetzt werden. Und Gottes und der Kader Wege seien unerforschlich. – Da saß ich Häufchen Unglück und dachte an meine süße Friseuse mit ihrem kleinen Baby in der kalten Kammer der Großeltern. – Mein Anblick muss ihn wohl gedauert haben. Er sagte, da ist noch etwas, was schon Jahre keiner mehr haben wolle. Wenn ich es mir zutraue ... – Mein Kommandeur, dem ich die Wohnung zeigte, gestand mir sofort drei Soldaten zu. „Die lässt du hier arbeiten. Dann werden sie die schlimmste Nässe heraus haben aus den Farbschichten. Die Wand darunter wird so nass nicht sein. Hoffentlich." – Er muss sich ausgekannt haben mit dreihundert Jahre alten Erzgebirgshäusern. Nach drei Wochen waren von der Meter achtzig hoher Nasskante dreißig Zentimeter geblieben. Das Plumpsklo, frisch gestrichen, lag zum Glück gleich neben der Hoftür. Klempner und Elektriker brachten Wasser und Strom in die zwei Zimmer und mein ganzer Stolz war die selbst gebaute Einbauküche. Die Schiebetüren liefen nicht auf Rollen, sondern gestrichene Spanplatten rutschten in Aluminiumleisten, aber was soll's? Stolz konnte ich meiner jungen Frau ein Heim zeigen mit Licht an den Wänden und einer funktionsfähigen Küche. – Sie lud unsere wenigen Habseligkeiten aus Großelterns Kammer auf einen Lastkraftwagen der Nachbarschaft, quetschte sich neben den Fahrer und setzte sich unseren damals Einzigen auf den Schoß, los ging die Fuhre. – Schnell waren wir mit dem Abladen fertig, noch ein Trinkgeld für den Fahrer, die Flasche für das Kind, die Matratzen auf den Boden und ein Liebesfest gefeiert. Möbel sollten morgen kommen. Als sie pünktlich kamen, passten und standen, war unser Glück vollkommen. Erst nach Tagen krochen erste Zweifel. – „Hast wirklich du die Küche gebaut und die Möbel ausgemessen?" – Ich beteuerte, die vom Kommandeur vorgegebene Arbeitsteilung eingehalten zu haben. Ein Offizier müsse ein Hinterland haben, wiederholte ich seine Worte. Deshalb erhältst du die Soldaten, die Normalität herstellen, auch wenn die Dienstvorschrift dafür keine Paragraphen hat. Luxus (die Küche) ist selbst zu schaffen. – „Aber das hast du nicht eingehalten. Deine Soldaten sind doch bessere Handwerker als du." – Nun ist meine handwerkliche Ausbildung wirklich ein wenig kurz gekommen. Meinen Vater habe ich kaum gesehen. Zwar war er nicht weg, aber immer auf dem Schacht. Da gehörte ein Wismutsteiger hin. Daheim war er zum Schlafen. Später, nach dem Schacht, arbeitete er genauso weiter. Eigentlich habe ich ihn erst zu Hause gesehen, als er krank wurde und nicht mehr arbeiten konnte. Nach der Oberschule eilte ich sofort zu den Fahnen. Man machte mir auch schnell klar, dass ich mein Abitur nicht als Soldat lange vergeuden durfte. Hätte ich nicht in den ersten Regungen des damals entstandenen polytechnischen Unterrichts gelernt, wie man sägt, feilt, eine elektrische Leitung isoliert, ich hätte kaum einen Nagel gerade in die Wand schlagen können. Eben darum war ich auf meine Küche so stolz, auch wenn ich sie selbst nicht als Meisterwerk ansah. Aber meine Frau glaubte mir nicht. Für sie stand fest: Meine Soldaten haben sie gebaut. Die waren Handwerker. Das stimmte ja auch: Handwerker bauen Küchen, Abiturienten nicht. Gegen diese Logik kam ich nicht an.

Bei unseren späteren Umzügen waren keine Küchen mehr zu bauen. Ans Fliesen legen traute ich mich nie. Doch Streichen und Tapezieren lernte ich schon. Geglaubt hat sie mir trotzdem nicht, dass ich es gewesen bin. Sie war ja nie dabei.

Ob man heute noch Schaustellerleute oder Schaustellerkinder von oben herab betrachtet, vermag ich nicht zu sagen. Ich bin ja befangen, schließlich habe ich mir selber so ein Rummelkind geangelt. Oder hat sich das Rummelkind den Pennäler geangelt? Männer glauben ja oft, sie hätten ..., dabei wurden sie ... und dank der Klugheit ihrer 'Eroberung' blieben sie in diesem Glauben befangen. Sei es, wie es sei, ich bekam die Vorteile einer beweglichen Lebensführung an meiner Frau deutlich vor Augen geführt. Neue Orte waren ihr Zuhause und ihre List, Wohnungen neu einzurichten, ihre Leidenschaft. Im Laufe ihres Lebens hat die gelernte Friseuse gekellnert, Mützen gestrickt, Tabellen errechnet, Zeitplaner für den Chef geführt, an der Kasse im Supermarkt gesessen, eine Betriebsküche geleitet, am liebsten war sie Fahrlehrer – sie lernte jeden Beruf, der sich anbot. Schließlich zog ich von Ort zu Ort, besser, wurde per Befehl gezogen, bis ich zwei Jahre vor jenen weltbewegenden Ereignissen im Osten unseres Vaterlandes in treuer Pflichterfüllung aus Altersgründen meinen Dienst quittierte. Aber man lernt auf einem Rummelplatz nicht nur, Girlanden und

Regendächer auf- und abzubauen und dabei jedes Werkzeug zu benutzen. Man lernt auch, sich seiner Haut zu wehren, Scherze mit wildfremden Leuten zu machen und schnell zu entscheiden, der mag mich, jener nicht und mit dem dritten ist gut miteinander zu arbeiten.

Mit mir konnte sie schlecht arbeiten. Sie war immer schneller, gewandter. Kunststück, aber – das hatten wir schon. Nur – ich kam nie dazu, ihr meine wachsenden handwerklichen Fähigkeiten zu beweisen. Schließlich ließ ich es. Aber das war auch fatal. – „Alles muss ich selber machen." – Sie musste nicht, sie wollte, schob mich regelrecht beiseite. Und recht machen konnte ich es ihr sowieso nicht. Wenn schon ausgemeckert werden, dann lieber gleich nichts getan – so formte sich langsam meine Strategie.

Doch dann zeigte sich überraschend Licht am Ende des Tunnels. Ich war arbeitslos, sie besuchte einen Lehrgang. Ein normales Schicksal jener Zeit für über Fünfzigjährige. – Im Zuge von Sanierungen entstand in unserer Wohnung aus dem Wegfall eines Kinderzimmers eine große Küche. Möbel wurden gebraucht. Natürlich waren wir knapp bei Kasse. Und da stand ein Möbel, welches uns gefiel, auch gar nicht teuer. Nur – es war selbst zu montieren. – Ich nahm mein ganzes Selbstvertrauen und wagte den Versuch. „Ich habe den ganzen Tag Zeit, du kannst mit deinem Tempo nicht stören – habe doch Vertrauen!" – Ihr skeptischer Blick ließ mich heimlich beten: „Herrgott, ich danke dir, dass wir kein Geld haben. Sie kann nicht ausweichen und will diese Küche. Mach' es zu einer Chance für mich!" – Noch immer zweifelnd, lud sie mit mir die Pakete in das Auto. Dann nahm ich mir viel Zeit. Drei Tage genoss ich, wie sie abends die Ergebnisse meiner Tätigkeit beäugte. Ich badete darin, wie sie am ersten Tag erstaunte, am zweiten Tag sich freute, am dritten Tag mich ehrlich bewunderte. „Dass du das nach diesen Plänen so kannst! Ich hätte die Geduld nicht. Aber Pläne sind ja schon immer deine Sache, du Stratege, du Schütze, du." Und küsste mich, wie in jungen Jahren. – Nun darf ich Möbel zusammenbauen. Die Bohrmaschine bedient sie noch immer selber.

Den 'Strategen' habe ich schon in jungen Jahren von ihr verpasst bekommen. Ich muss zurück gehen in eine Zeit, als es sie für mich noch nicht gab. Meine Mutter hatte für mich ein Schachspiel gekauft, ein Lehrbuch dazu, sie wollte das Spiel gemeinsam mit mir lernen. Das tat sie oft. Sie lernte mit mir Russisch, staunte über das, was ich in Physik und Chemie von der Schule mitbrachte. Sie war mir stets anfangs recht schnell voraus. Ich bewunderte ihre Entdeckung, die Läufer diagonal ganz schnell vor die Türme zu bringen. Damit beherrschte sie das ganze Spielfeld, und ich konnte mich nur mühsam verteidigen. Bis ich merkte, dass ich diese beiden starken Läufer ohne Folgen für mich schlagen konnte. Bald merkte ich noch andere Fehler, lernte, sie zu nutzen. Bald verkehrte sich das Verhältnis von Sieg und Niederlage zwischen meiner Mutter und mir.

In unserer Verlobungszeit musste ich gegen Opa antreten. Bei Opa war meine Frau als Kind, wenn ihre Schaustellereltern sie nicht auf ihre Plätze mitnehmen konnten. Opa hatte schwer zu tun, den Verlobten seiner Enkelin zu schlagen. Es gelang ihm nicht immer, dann immer weniger. – Meine junge Frau mochte nicht so planen. Aber Halma sei doch ganz lustig. Also, Halma. Ich hatte wenig Chancen. Aus den unterschiedlichsten Richtungen verbaute sie mir meine sorgfältig geplanten Bahnen, erkannte schnell ihren Vorteil. „Bist eben nicht flexibel." – Ich gab nicht auf. Bald lernte ich, meine Bahnen vor ihren Überraschungen zu schützen. – „Das wird ja langweilig. Du spielst immer nur dein System und gewinnst."

Das Denken habe ich an meiner Oberschule gelernt. Wenn ich dort vor meinen Lehrern den Alexanderzug des alten Griechenlands verglich mit den Kreuzzügen des Mittelalters, obwohl solche Vergleiche gar nicht im Lehrplan vorgesehen waren, dann freuten sich meine Lehrer, weil sie wollten, dass ihre Schüler weiter dachten, ungefragt. Ich glaubte, dass das immer so sei. Dann saß ich als junger Unterleutnant in der Offiziersweiterbildung und hörte von dem lehrenden Oberstleutnant, wie jener davon sprach, dass nach den Erkenntnissen der sowjetischen Militärwissenschaft der Angriff die stärkste, die Hauptkampfart sei, den Sieg bringe, also der Angriff ..., ich hörte nur noch Angriff – und das stimmte doch so alles gar nicht. Also meldete sich der Oberschüler im Offiziersrock und fragte, ob denn nicht mehr wahr sei, was er bei Clausewitz gelesen habe: Dass der Angriff die schwächere Kampfform sei, man brauche die dreifache Stärke. Natürlich könne nur der Angriff den Sieg bringen, schließlich vertreibt er den Feind. Aber als Kampfform ist die Verteidigung stärker, ohne sie sei der spätere Angriff gar nicht möglich. – „Das zahlt er dir heim", raunte mir mein Nachbar zu, als ich mich in beklemmender Stille setzte. – Er tat es gründlich. Da lag dann der junge Unterleutnant abends in seinem Bett und heulte manches Mal. Weil er so viel mehr leisten musste als der Nachbar, seinen Soldaten mehr aufgebürdet wurde und er doch die schlechtere Bewertung erhielt. – „Ach, du mein Stratege", sagte die junge Frau dann tröstend, streichelnd. „Werde doch erst Taktiker. Bist eben zu ehrlich, zu gerade, fast zu gut für diese Welt." Und sie küsste meine Tränen fort. – Keine Frage, dass ihr das nicht passierte. Ich sage das bewundernd. Langsam in meinem Leben wurden solche Momente weniger, hörten dann ganz auf. Verstanden und geküsst hat sie mich immer.

Nachdem wir beide sesshaft geworden sind, saß ich oft auf meinem Lieblingsplatz unserer schwer erkämpften Neubauwohnung. Das ist der Balkon mit dem Blick vom Stadtrand über die ersten Felder zum nächsten Dorf. Zu dieser Wohung kam ich auf ähnliche Weise wie damals meine Frau zum Einstieg in die Kfz-Branche. Ich war und bin noch heute stolz auf diese Wohnung. Auch heute, wo der Trend das Eigenheim außerhalb der Stadt ist, der Neubau verschämt nur noch Platte heißt. Nein, hier fühle ich mich wie in meinem Heim. Schließlich gibt es keinen Busch rund um das Haus, der nicht irgendwann meine Hand gespürt hat, keine Rasenfläche, an deren Planierung ich nicht beteiligt gewesen bin. Sauber stehen die eigenhändig gebauten Garagen in der Reihe. Mein Blick vom Balkon findet erst an den fernen Bergen des Thüringer Waldes seine Grenze. Die Leute hier aus meinem Neubaublock (blödes Wort, ein Bau aus den Endsiebzigern, aber jeder hier verwendet es noch) kenne ich zumeist aus gemeinsamem Einzug. Wir treffen uns noch immer zu gelegentlichem Plausch am selbst gebauten, überdachten Holztisch. Mancher Geburtstag wurde dort gefeiert.

Schaue ich also über dieses selbst geschaffene kleine Reich hinweg, dann kommen mir bei einem Pils und einer Zigarette schon Gedanken, warum wir eigentlich uns streiten, meine Frau und ich. Einige Weichen waren zu stellen in unserer gemeinsamen Zeit. Und Kindererziehung ist nicht immer mit gleichen Vorstellungen verbunden.

An eine ernsthafte Differenz erinnere ich mich. Unser zweiter Sohn ließ am Abendbrottisch die Bemerkung fallen, man könne im Leben immer einmal Pech haben. Er war damals sechzehn, und wir sorgten uns, weil er nicht mehr zu dem Freundeskreis gehen mochte, den wir kannten. Plötzlich passte ihm sein Jugendklub nicht mehr, die Schule fand er öde. Und Zensuren waren ihm ja schon immer nicht gerade das Wichtigste im Leben. – „Welches Pech meinst du denn?", forschte meine Frau nach. – „Mit den Bullen und so." Scheinbar gelangweilt, griff er sich die nächste Scheibe Brot und knallte Butter darauf. – Wir schauten uns an und dachten beide dasselbe: Wie sollte unser Sohn mit 'Bullen' Pech haben, er fuhr nur Fahrrad? – „Man kann mit der Polizei kein Pech haben, Junge", sagte ich scharf. – „Wieso nicht?" – „Weil man nichts tut, was die Polizei auf den Plan rufen könnte." – Sein Zucken im Gesicht war kurz. Es genügte uns beiden. Ohne Kinder hielten wir Kriegsrat. Uns war klar, es kam etwas auf uns zu. Nur, was dagegen tun? Wir konnten nur Möglichkeiten einschränken, seinen neuen Freundeskreis zu sehen. Das war nicht viel. – Bald danach standen zwei freundliche Herren vor der Wohnungstür und fragten mich, ob unser Sohn in letzter Zeit Ungewohntes nach Hause gebracht habe. Meine Frau war in der Fahrschule, die Kinder in der Schule, ich hatte zufällig dienstfrei. – „Das ist kein Zufall", erläuterten mir die beiden. „Wir wollten Sie allein antreffen." – Ihre Ausweise hatte ich gesehen, ich zeigte ihnen die Flasche Spiritus. Ganz gegen seine Gewohnheit hatte er sie mitgebracht, als wir welchen brauchten. – Als die beiden Polizisten gegangen waren, telefonierte ich viel. Außergewöhnliche Ereignisse fordern außergewöhnliche Entschlüsse. Nach ihrer letzten Abendfahrstunde holte meine Frau unseren Sohn vom Revier ab. Unter den teils missbilligenden, mehr aber bewundernden Blicken der dortigen Polizisten, spürte unser Sohn mehrfach die Luftpumpe seines Fahrrades auf dem Rücken. Dann durfte er vor ihrem Auto heimfahren. – Am nächsten Nachmittag kam ich nach Hause. Betreten sah unser Ältester, wie mein Lederkoppel auf Hintern und Rücken seines Bruders tanzte. Es waren die ersten Schläge, die beide von ihren Eltern erlebten! Wehre den Anfängen und tue es gründlich! Ich schrieb dann sein Abmeldebuch vor, welches er fortan überall vorzuzeigen hatte, und belehrte ihn über den Gebrauch. – Ich muss ergänzen, dass jeder Lehrer und Lehrausbilder mitspielte, nachdem er meine Worte am Anfang des Buches gelesen hatte.

Als ich vor all dem Kriegsrat hielt mit meiner Frau, fielen keine Schuldzuweisungen. Da stritten wir uns nicht.

Wir stritten uns nicht, als meine Dienstzeit zu Ende ging, wir stritten nicht, was zu tun sei, als unser beider Einrichtungen 'wendebedingt' geschlossen wurden. Natürlich gingen unsere Meinungen zeitweise auseinander. Doch das war Suchen. In Gedanken probten wir Lösungen, verwarfen und fanden andere Varianten. Schließlich legten wir uns fest. Und hatten wir uns entschieden, kam selten ein: „... hätten wir nur anders ..."

Wir sind schon ein Team, mein Rummelgör und ihr Pennäler, auch einigermaßen erfolgreich. Bei unserem Zweiten konnten wir ein viertel Jahr später beginnen, die Zügel zu lockern. Wie viele Stunden haben wir miteinander gesprochen. Heute steht er, Ironie oder Logik des Schicksals, auf der anderen Seite seiner damaligen Kumpane, ist selber Polizist und dabei sehr erfolgreich.

Im letzten Haus am Stadtrand sitze ich auf meinem Balkon. Ich schaue über das erste Feld zum nächsten Dorf und warte interessiert auf die Entscheidung eines Autofahrers. Er ist vom Dorf die Asphaltstraße herüber gekommen und wird nach dem flachen Anstieg gleich die Betonbarrikade des Ordnungsamtes sehen. Zügig weicht er auf den schlammigen Feldweg aus. Aha, ein Hiesiger, vertraut der Geländegängigkeit seines kleinen Golf.

Ich stippe meine Zigarettenasche in den Becher. Das Bier ist gut, zimmertemperiert mag ich es am liebsten. Das alles beantwortet mir nicht meine Frage. Warum streiten wir uns immer um „Käse ...", warum jagen wir Emotionen hoch am Morgen, die wir nachmittags bedauern? Logisch erklärbar ist das nicht.

Wir seien eigentlich alle noch Steinzeitmenschen, las ich jüngstens. Erregen wir uns, steigt uns das Blut zu Kopf, erröten, weil Blutzufuhr unser Gehirn aktiviere. Und kurz vor dem Kampf weicht das Blut aus unserer Haut. Damit wir es nicht verlieren, wenn wir uns im Kampf verletzen. Viele solcher Mechanismen führte der Artikel an, die wir noch in uns tragen aus unserer animalischen Vergangenheit. Dabei nützen sie uns meistens gar nichts mehr.

Der Steinzeitmensch war Jäger, seine Frau die Sammlerin. Kamen die Jäger des Stammes heim nach langem Jagdzug und brachten Fleischvorrat mit für die nächsten Wochen, wollten sie bewundert werden. Oder getröstet, war der Erfolg ausgeblieben. War nicht mehr als gerecht, dachte auch die Sammlerin, wenn der Höhlenbär nicht den Jäger, sondern die Jäger den Höhlenbär getötet hatten. Also genoss die Sammlerin, dass ihr Jäger noch lebte, und verwöhnte ihn für das Fleisch, dass sie jetzt essen konnte. Sie konnte auch gar nichts gegen seine Faulheit haben nach den vielen Nächten fast ohne Schlaf, dem ständigen Verfolgen der Fährte bei Wind und Wetter. Sie hatte das Dorfleben ohne und mit ihm im Griff, wusste, wo die wilde Knolle zu graben war für die Mahlzeit und das Kraut für die kleine Wunde wuchs. Doch nach drei Tagen fand sie, dass er auf ihre Kosten faul sei, nur sagen mochte sie das nicht so. Er könne es auch missverstehen. Nach fünf Tagen fand sie es störend, dass er sie aufs Fell ziehen wollte, wo gerade das Feuer zu verlöschen drohte. Und dann platzte ihr am siebten Tag der Kragen. Er bringe alles durcheinander. Das Fleisch würde auch schon langsam knapp, Zeit wäre es, den Vorrat zu erneuern. Und der Jäger fand, dass seine Sammlerin ganz schön launig ist, im Busch wisse man viel besser, woran man sei. Und überhaupt, war sie doch gar nicht so, wie er sie sich im kalten Jagdlager zurechtgeträumt hatte, diese Ziererei beim letzten Mal, laufend musste sie nach dem Balg gucken, konnte einem ja alles vergehen! So sammelte sich der Jägertrupp bald wieder. In einem hätten ja die Weiber recht, sagte der Älteste, das Fleisch gehe wirklich zur Neige.

Und so passt eben alles zusammen, vom Blut zum Kopf zum Blut aus der Haut, von der Faulheit der Männer auf dem Bärenfell zur Launenhaftigkeit der Weiber am Herd, damit die Jäger wieder loszogen, und jeder tat, wozu ihn die Natur am besten eingerichtet hatte, das

Fortleben des Stammes zu sichern. So passte das eben alles zusammen – beim Steinzeitmenschen! Hunderttausend .... Fünfhunderttausend Jahre .... eine Million Jahre lang – wer weiß das schon? Was sind dagegen sechstausend Jahre Zivilisation!

Ich blicke wieder von meinem Balkon zur Betonbarrikade des Ordnungsamtes auf der Asphaltstraße. Daneben wühlt der kleine Golf im Schlammweg. Jetzt sitzt er fest. Wer steigt aus? Natürlich, ein Mann. Nie hätte eine hiesige Frau riskiert, diesen Weg zu fahren. Er hat nach dem 'kick' gesucht, der Jäger, weil ihm die Jagd abhanden kam.

Meine Zigarette ist aufgeraucht. Ich trinke den letzten Schluck Bier. Ich brauche mich nicht mehr fragen, warum wir immer wieder Schwierigkeiten im Zusammenleben haben, meine Frau und ich, das Rummelgör und ihr Pennäler. Und ob das je aufhört.

Wir sind doch alle Steinzeitkinder.

Morgen ist Sonntag, Zeit, sich auszuschlafen. Vielleicht gelingt es mir: Vor meiner Frau munter zu werden, mich aus dem Schlafzimmer zu schleichen, den Kaffeetisch vorzubereiten und zurück zu kriechen an einen warmen Frauenrücken. Vielleicht. Ich wünschte es mir so sehr.

 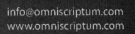